DANIEL DE LA FEUILLE

**Emblematische Gemütsvergnügung**

DANIEL DE LA FEUILLE

**Emblematische Gemütsvergnügung**

ISBN/EAN: 9783743458246

Hergestellt in Europa, USA, Kanada, Australien, Japan

Cover: Foto ©Andreas Hilbeck / pixelio.de

DANIEL DE LA FEUILLE

**Emblematische Gemütsvergnügung**

# DEVISES ET EMBLEMES
*CURIEUX*

Anciennes & Modernes
Tirées des plus celebres Auteurs
Nouvellement inventées
en Latin, en Francois,
en Italien, en Allemand.

## Außerlesene Sinn-Bilder.

1. Ein Schiff auf dem Meer. NON DORMIT, QUI CUSTODIT. Qui le gouverne, ne dort pas. *Chi là custodisce, non dorme.* Der Hüter schläffet nicht.

2. Eine Sonne über einer Nacht-Eule. POTIUS MORI, QUAM ABSTINERE. Plûtôt mourir, que s'abstenir. *Più presto morire, che astenersi.* Lieber sterben/ dann nachlassen.

3. Ein mit einem Lorbeer-Zweig umbwundener Degen. UTROQUE CLARESCERE PULCRUM. Bonne pour la guerre & pour la paix. *Son per la pace, è per la guerra.* Beydes ist rühmlich.

4. Ein Degen/ so eine Schlangen entzwey schneidet. DUM SPIRO, SPERO. Pendant que je respire, j'espere. *Spero mentre respiro.* Ich hoffe/ so lang ich lebe.

5. Ein Adler. DUX IN HOSTES PARITER ET CLYPEUS. Conducteur & pareillement défenseur de la guerre. *Difensore è conducitore contro inemici.* Er führt und beschützt wider die Feinde.

6. Ein Stern mit Pfeilen umbgeben. VIAS TUAS, DOMINE, DEMONSTRA MIHI. Seigneur, montre moi tes voyes. *Signore, dimonstraci le tue strade.* HERR/ zeig mir deine Wege.

7. Ein Ballon. PERCUSSUS ELEVOR. Plus je suis frapé, plus je m'eléve. *Più percosso, più mi sollevo.* Wann man mich schlägt/ so steig ich in die Höhe.

8. Ein Diamant/ auf den mit zwey Hämmern geschlagen wird. SEMPER ADAMAS. Toûjours de même. *Sempre infrangibile.* Allzeit ein Demant.

9. Ein Löw/ der einen Affen frißt. MIHI MEDELA. C'est ma recompense. *Meritata ricompensa.* Mir zu gutem.

10. Ein im Feuer ligender Hund. INTREPIDA FIDES. La foi intrepide. *La coragiosa fede.* Die unverzagte Treu.

11. Zwey Händ/ die eine Dornen-Krone halten. PRIUS MORI, QUAM FIDEM FALLERE. Plûtôt mourir, que manquer de foi. *Più tosto morire, che mancare di fede.* Lieber sterben/ dann untreu werden.

12. Zerschiedene Ballons. NON NISI VENTUS. Tout est de vent. *Tutto è di vento.* Nichts dann Wind.

# DEVISES CHOISIES.

## Auserlesene Sinn-Bilder.

1. Ein Elefant. IN ME SPES OMNIS. Je n'espére rien, sinon de seul. *Non spero niente che da me solo.* Ich verlaß mich auf mich selbsten.

2. Ein Mann/ so in einem Wagen von zwey Löwen gezogen wird. ETIAM FEROCISSIMOS DOMARI. L'homme sage dompte les plus furieux. *L'hom saggio puo venir a fine di tutte le cose.* Ich zäume auch die Wildeste.

3. Ein Schiff/ so von der See in den Port einlaufft. SPES PROXIMA. Son désir est sur le point d'étre accompli. *La sua speranza sta per essere compita.* Nun ist die Hoffnung bald erfüllt.

4. Ein Hercules mit seinen gewohnlichen Waffen/ so von einem bewehrten Kind angegriffen wird. TEMERITAS. C'est une Témérité que cette insulte. *E una insensata temerità.* Eine Toll-Kühnheit.

5. Ein Löw/ den unterschiedliche kleine Thier vergeblich anfallen. TEMERITAS. Ils ne savent ce qu'ils font. *Non sanno quello che fanno.* Sie wissen nicht/ was sie thun.

6. Ein Kriegsmann und eine Obrigkeitliche Person. UNUM NIHIL, DUOS PLURIMUM POSSE. Un des deux ne peut rien faire seul, mais ils peuvent tout étant ensemble. *Uno senza l'altro non val niente.* Einer vermag nichts ohne den andern.

7. Ein Elefant. PAR VIRIBUS VIRTUS. J'ai de la force & de la vertu également. *La mia forza e pari alla mia virtù.* Wie meine Stärcke/ so auch meine Tugend.

8. Eine Grub/ worein ein Todter zunächst an einem Gräntz-Stein solle begraben werden. HIC TERMINOS HABET. Il faut s'arrêter la. *Qui si determina.* Hier muß er bleiben.

9. Eine Sonnenwendblume/ so sich nach der Sonne lencket. PHILAUTIA. Amour propre. *Se invaghisce di se medemo.* Die Eigen-Liebe.

10. Ein Jüngling/ der sich in einem Brunnen bespieglet. NON INFERIORA SEQUUTUS. Je ne cherche point une chose de peu de conséquence. *Non seguirò de piu piccioli.* Ich suche nichts schlechtes.

11. Eine Geiß/ an welcher ein junger Wolff sauget. SIBI DAMNA PARAT. Elle travaille à sa ruïne. *Nutrisce chi la distruggera.* Thut sich selbsten Schaden.

# DEVISES CHOISIES.

## Außerlesene Sinn-Bilder.

1. Eine Waag/ die auf einer Seite überschlägt. VACUA CEDIT. Elle tire 'u côté, qui est le plus chargé. *Pende, dove più pesa.* Das Leichte weicht.

2. Ein Kastanien-Baum voll seiner Früchten. VELANTUR MOLLIA DURIS. Douceur a une écorce dure. *Si coprono con le dure le tenere.* Das Süsse steckt verborgen.

3. Ein Rauchfaß mit Glut gefüllt. DUM PLACEAM, PEREAM. Je ne me soucie pas d'être consumée, pourvû que je sois agréable. *Son più povera, quando più aggradisco.* Indem ich angenehm bin/ so gehe ich zugleich zu Grund.

4. Zwey Hände/ welche einen Knopff bey den zwey Enden halten. SE DILATANDO FIRMANT. En s'éloignant elles se serrent. *Si stringe, quando si allontanano.* Je mehr gezogen/ je steiffer.

5. Ein Cupido, der aus einem Hertzen mit Bogen und Pfeil hervor koint/ und nach einem andern Hertz schiesset. TE TANGERE VOLO. J'en sors pour vous toucher. *Esco per ferire.* Dich will ich gewiß treffen.

6. Ein Uhr mit Gewicht-Steinen. EX PONDERE MOTUS. Son mouvement vient de son poids. *Il moto vien dal suo peso.* Aus dem Gewicht kommt die Bewegung.

7. Ein Pferd-Zaum. REGIT ET CORRIGIT. Il conduit & il redresse. *Regge è corregge.* Er leitet und verbessert.

8. Eine Sack-Uhr. MOTIBUS ARCANIS. Elle marche avec des mouvemens secrets. *Camina con i moti secreti.* Mit geheimen Bewegungen.

9. Eine Sonne. NON SIBI, SED MUNDO. Il ne luit pas pour lui, mais pour l'Univers. *Non risplende per lui, mà per il Mondo.* Nicht für sich/ sondern für andere.

10. Ein beschnittener Balsam-Baum/ der Balsam von sich trieffet. VULNEROR, UT SANEM. On me blesse pour guérir. *Son ferito per guarire.* Zur Gesundheit verwundet.

11. Zwey Cupidines schmidten auf einem Amboß ein glüendes Eisen. TUNDAMUS, DUM CALIDA INCUS. Profitons du temps. *Profittiamo del tempo.* Man muß das Eisen schmidten/ weil es warm ist.

12. Eine mitten im Wasser ligende Vestung. AGITANT ET CUSTODIUNT. Elles me frapent & me défendent. *Mi combattono, e mi defendono.* Sie benetzen und bevestigen zugleich.

13. Ein Scorpion. MORTE MEDETUR. Il guérit en mourant la playe qu'il m'a faite. *Guarisce la piagha, che hà fatta morendo.* Er macht durch seinen Tod gesund.

14. Ein Oranien-Baum in seiner Küste/ und ober ihm die Sonne. T[E] NON VIDENS MORIAR. Sans toi je meurs. *Privo di te moriro* [Ohne] ue dich.

15. Eine triefen[de ...] Aprés les larmes les fru[its ...] die Früchte.

# DEVISES CHOISIES. 4

## Außerlesene Sinn-Bilder.

1. Ein unter einer Wetter-Wolcken schwebender/ und auf eine mit Canonen besetzte Batterie zufliegender Adler. NEUTRA TIMET. Elle ne craint ni l'un, l'autre. Non teme nè l'uno, nè l'altro. Er förchtet keines.

2. Ein Wetter-Fähnlein. PARATUS AD OMNIA. Bonne à tous tems. Preparata à tutti. In alle Sättel gerecht.

3. Ein Cupido über einem Stroh-Feuer. QUOD CITO FIT, CITO PERIT. Chose hâtée n'est pas de durée. Presto acceso, presto spente. Leicht gewonnen/ leicht zerronnen.

4. Ein Cupido eine Larve vor dem Gesicht haltend. SIMULARE MEUM. Il faut feindre. Si asconde dissimulando. Verstellen ist allein meine Kunst.

5. Eine angezündte Fackel. LUCET IN TENEBRIS. Il éclaire dans la nuit. Allumina nelle tenebre. Sie leuchtet deß Nachts.

6. Ein rauchendes Rauchfaß. UTILE DULCI MISCET. Elle est utile & agréable. D'utilità, e d'agradimento. Beydes nutzlich und auch angenehm.

7. Ein Stern am Firmament. COELO HÆRET, SOLO LUCET. Elle est attachée au Ciel, & brille sur la Terre. Lucente al Cielo, e brillante alla Terra. Steht am Himmel und scheinet auf der Erden.

8. Eine Trummel. SINE FREMITU NIHIL. Elle est inutile, si elle ne fait du bruit. E inutile se no fa romore. Ohne den Klang ists sonsten nichts nutz.

9. Ein Cupido, so eine Saul auf den Schultern trägt/ und zugleich ein Grab-Scheidt und Ochsen-Haut mit Füssen tritt. NULLI CUPIAT CESSISSE LABORI. Rien ne me gréve. Ogni fatica è lieve. Ich scheue keine Müh.

10. Eine Melone. UNUS EX MULTIS. Un parmi plusieurs. Un permezzo gli altri. Einer unter allen.

11. Ein Kopffter-Kohl. (Kappis-Kraut.) DE MEA ALBEDINE DURITAS. Ma fermeté vient de ma blancheur. La mia durezza da mia bianchezza. Ich bin hart/ weil ich weiß bin.

12. Ein Cupido hält eine brennende Fackel unter sich/ und ist mit einem Pfeil durchschossen. QUOD NUTRIT, EXTINGUIT. Ce qui me nourrit, m'éteint. Chi mi nutre, mi uccide. Was mich ernährt/ tödt mich.

13. Ein Winckelmaß. NISI JUSTITIAM QUÆRO. Je ne cherche que la Justice. Non cerco che la Giustitia. Ich suche allein die Gerechtigkeit.

14. Ein Brust-Harnisch. VIRTUS MELIORA MINISTRAT. La Vertu donne des meilleures armes. La meglior di tutte le armi è la Virtu. Die Tugend verschafft bessere Waffen.

15. Ein Phoenix. SINE SECUNDO. Il est sans second. E senza pari. Er hat nicht seines gleichen.

# DEVISES CHOISIES.

1. Ein Falck/ der an seinen angelegten Schellen picket. FAMA NOCET. Son bruit lui nuit. Il suo rumore li noce. Das Gerücht ist ihm schädlich.

2. Das Thier Chamæleon. SUB LUCE LUES. Sous le miel, le fiel. Sotto il dolce l'Amaro. Gall unter dem Honig.

3. Eine grosse Scheer auf einem Stuck Tuch. DETRAHIT ET DECORAT. Elle retranche, mais aussi elle embellit. Si consuma, mà s'abbelisce. Sie nimmt und zieret zugleich.

4. Das äusserste Theil von einem Schiff/ dessen in das Wasser reichende Ruder-Stange gekrümmet scheinet. FALLIMUR OPINIONE. Nôtre opinion nous trompe. La nostra opinione ci inganna. Die Meynungen betriegen.

5. Zwey Adler/ deß Jupiters Donner-Keul in Verwahrung haltend. PRÆSIDIA MAJESTATIS. Gardes de la Majesté. Guardiane della Maestà. Der Majestät Schutz.

6. Ein Fern-Glaß. AUGET ET MINUIT. L'Envie est elle même son Bourreau. L'Invidia è la carnefice di se stessa. Mehrt und mindert.

7. Ein Zistern/ deren Spring-Wasser von einer Hand aufgehalten wird. VIRES ALIT. Il repare les forces. Aumenta le forze. Macht nur stärcker.

8. Eine Kron auf einer Saul. EXISTIMATIONE NIXA. Appuyée sur la Reputation. Appogiata sopra la riputatione. Stützt sich auf die Ehre.

9. Ein Bär/ so einen Bienen-Korb ins Wasser tauchet. CONSILIA MEDIA FUGIENDA. Point de milieu. Niente di più bono. Mittelmässige Räthe seynd falsch.

10. Eine Hand mit einem Zirckel. QUIA SECRETIS AB OMNIBUS. Celui qui a le secret a tout. Chi hà il segreto hà tutto. In dem Geheimnus steckt alles verborgen.

11. Die zwischen der Sonne hinlauffende Erde. PRÆSENTIA NOCET. Sa présence nuit. Sua presenza è nociva. Ihre Gegenwart schadet.

12. Ein Fluß/ der sich in viel kleine Ströhme außtheilet. DISJUNCTIS VIRIBUS. Les forces divisées. Le forze son divise. Mit zertheilten Kräfften.

# DEVISES CHOISIES.

1. Ein Weinrebe/ so nicht mehr an seinem Pfahl stehet. OPIS INDIGET. Elle a besoin de soûtien. *A bisogno d'appoggio.* Hat Hülff vonnöthen.

2. Ein Lorbeer-Baum/ dessen grosse Zweig abgehauen/und nur einer darvon zu oberst übrig gelassen worden. TRIUMPHALI STIPITE SURGENS. Je sors d'un Tronc accoûtumé aux triomphes. *Sortisco di un tronco avezzo à trionfi.* Aus siegreichem Stamm entsprossen.

3. Eine Turtel-Taube auf einem dürren Ast. NEC DUM CESSAT AMOR. Mon amour dure aprés la mort. *Il mio amore durerà in eterno.* Meine Liebe währet doch immerfort.

4. Ein Lorbeer- und ein Maulbeer-Zweig/die/wo sie übereinander gehen/mit Feuer angezündet seyn. IGNEM PARIT REPETITA FRICTIO. A force de se frotter le feu en sort. *Nasce il foco dalla forza del moto.* Starck gerieben/gibt Feuer.

5. Ein Citronen-Baum voller Früchten. SOLUM A SOLE. Je ne serois rien sans le Soleil. *Senza il Sole non sarei niente.* Ohne die Sonne wäre ich nichts.

6. Ein Ulmen-Baum/ woran ein Weinstock angebunden ist. AMICUS IN MORTEM. C'est être ami même aprés la mort. *Il medemo amico fino la morte.* Biß in den Todt.

7. Ein Fahrnkraut und ein Schilfrohr nahe beysamen stehend. DISPAREM VITES. Eloignez vous des personnes, qui ne simpatisent pas avec vous. *Lontano da chi non si fa con voi.* Gesell dich zu deines Gleichen.

8. Unterschiedliche Magsaamen-Köpff/ darvon die höchste und längste abgeschlagen worden. ÆQUARI PAVENT ALTA MINORI. Les plus élevez craignent d'être égaux aux petits. *Le più grandi temono essere come li più piccioli.* Hohe Leute förchten sich vor dem Fall.

9. Rauten-Kraut/ von welchem die Schlangen hinweg fliehen. PROCUL ESTO PROFANI. Loin d'icy Profanes. *Allontanate vi da Profani.* Hinweg mit den Unreinen.

10. Eine Korn-Garbe. NON METENTIS, SED SERENTIS. Elle n'appartient pas à celui qui la coupe, mais à celui qui la seme. *Non al tagliatore, mà al seminatore.* Dem Säenden und nicht dem Mähenden.

11. Eine gepflantzte Lilien. INCLITA VIRTUS. Il a toûjours de la vertu. *Hà sempre la sua virtù.* Immerzu tugendhafft.

12. Eine welcke Tulipan. ABSENTE SOLE LANGUESCO. Je languis dans l'absence du Soleil. *Languisco per la lontananza del mio Sole.* Ich schwelcke ohne die Sonne.

13. Außgebreitete Korn-Garben/die eben sollen getroschẽ werdẽ. TRIBULATIO DITAT. Les Afflictions sont utiles. *Le afflitioni sono utili.* Trübsal ist nutzlich.

14. Zwey Cupidines, deren der eine die Treue anbietet/ der andere aber selbe nicht annehmen will. NEGARE JUSSI, PERNEGARE NON JUSSI. Tel refuse, qui aprés muse. *Chi mi rifuta, mi bramai.* Zuvor veracht/ hernach gesucht.

15. Eine Scherbe/worein die Pflantze Basilie gesetzt ist. QUO MELIUS, EO SUAVIUS. Plus doucement on me touche, plus douce est mon odeur. *Chi più mi toccarà, più odore sentirà.* Je sänffter angerührt/je lieblicher gerochen.

# DEVISES CHOISIES.

## Außerlesene Sinn-Bilder.

1. Ein Cupido, der seinen Pfeil an einem Schleiffstein schärffet. MENS IMMOTA MANET. Je vois tourner le reste, mais mon esprit est content. Jo vedo rimaner il resto, mà il mio spirito è costante. Das Gemüth bleibt ohngeändert.

2. Ein wilde Endte/ so mit ihrem Schnabel ein Graß abreisset. DEFICIAM AUT EFFICIAM. J'y périrai, ou j'en viendrai à bout. O perirò, ò la svellerò. Gestorben/ oder durchgedrungen.

3. Ein Cupido ohne Köcher/ Pfeil und Bogen/ aber mit verbundenen Augen. PULCRA PUELLARUM LUMINA TELA MIHI. Les beaux yeux des Nimphes sont mes fléches. Li belli ochi son le mie frezze. Augen schöner Jungfrauen sind meine Pfeil.

4. Ein Cupido unter einem Garten-Thor. AMORIS OSTIUM, NON HOSTIUM. C'est pour les amis, & non pour les ennemis. E per li amici, non per li nemici. Es steht für Freund/ und nicht für Feinde offen.

5. Eine Vestalische Jungfrau/ welche auf dem Altar ein ewiges Feuer unterhält/ und ein Cupido, der mit derselben redet. NOSTRA ÆTERNA MAGIS. Mon feu durera plus que le vôtre. Il mio foco durerà più che l' vostro. Das unsere dauret viel länger.

6. Ein Igel/ der sich zusammen gezogen. MEA ME VIRTUTE INVOLVO. Je me couvre de ma vertu. Mi ricopro della mia virtù. Mit meiner Tugend bedeckt.

7. Ein Chamæleon. MUTATUR IN HORAS. Il change à tous momens. Cangia à tutti momenti. All Augenblick verändert.

8. Ein Cupido, so einen Sack mit Gold außschüttet. AURO CONCILIATUR AMOR. C'est avec l' or qu'on me rend favorable. Con l' oro si riconcilia l' Amor. Liebe ist um Geld feil.

9. Ein Cupido, der seine Pfeile bey der Spitze in einem Feuer anbrennet. LENTUS, TAMEN ÆTERNUS. Ce feu est lent, mais il durera toûjours. Lento, mà eterno. Langsam aber immerwährend.

10. Ein angezogene Glocke. SIBI NON SAPIT UNI. Ce n'est pas pour elle qu'elle sonne. Non sona per sè medema. Nicht für sich allein.

11. Ein Cupido, so Magsamen-Körner außsäet. OBLIVIONI. C'est pour oublier tous mes maux. Per scordarmi di tutti i miei mali. Zur Vergessenheit.

12. Eine Spinne/ die ihr zerrissenes Geweb wieder außbessert. INTERRUPTA RETEXAM. Je racommode mon travail interrompu. Raccommodo le mie rotte trame. Ich verbessere das Zerrissene.

13. Ein vom Donner-Strahl getroffner Lorbeer-Baum. SPOLIAMUR JURE VETUSTO. On m'ôte mon ancien privilége. Mi levano li miei antichi Privileggi. Deß alten Rechts beraubt.

14. Ein Erdschwamm. QUOD CITO FIT, CITO PERIT. Ce qui vient vîte, meurt bien-tôt. Che presto nasce, presto perisce. Geschwind gebohren/ geschwind vergangen.

15. Eine Turtel-Taube auf einem dürren Zweig. IN FLETUM DUCERE VOCES. Je ne chante que pour me plaindre. Non canto, che per piangere. Mein Gesang/ ein Trauer-Klang.

# DEVISES CHOISIES.

## Außerlesene Sinn-Bilder.

1. Ein Schiff/ so von den Wellen hin und wieder/ und endlich nach dem Port verschlagen wird. FINIS CORONAT OPUS. La fin couronne l'œuvre. *Il fin corona l' opra.* Ende gut/ alles gut.

2. Ein Storch/ welcher einen andern auf sich träget. PIETAS AUGUSTA. C'est une pieté parfaite de secourir son pere dans le besoin. *E una perfetta carità soccorrere il suo prossimo.* Die hochgerühmte Kindliche Liebe.

3. Ein Cupido weiset einem andern seine Wunden. MORBUM NOSCERE CURATIONIS PRINCIPIUM. Montrer fait guérir. *Mal celato, non è curato.* Die Kranckheit erkennen/ ist der Gesundheit Anfang.

4. Eine Tulipan. PRÆTER COLORES NIHIL. Sans ses couleurs, ce ne seroit rien. *Senza color non val niente.* Nichts dann nur die Farb.

5. Ein Spatz. NON CUIVIS PASSEREM ESSE LICET. N'est pas Moineau qui veut. *Non è Passaro chi lo vol essere.* Es kan nicht ein jeder seyn/ was er gern wolte.

6. Eine Nachtigal. RENOVATUM NUNTIAT ANNUM. Il annonce le Printems. *Annuntia la prima vera.* Verkündiget den Frühling.

7. Ein Löw/ so einen Scepter hält. QUIS AUFERET. Qui me l'ôtera. *Chi mel toglierà.* Wer darff mir ihn hinweg nehmen?

8. Ein ergrimmter Mars, welcher von der Liebe bezäumet wird. DOMITOR IRÆ. Il dompte la colére. *L'Amor doma il furore.* Bezwingt den Zorn.

9. Ein Staffelet nächst einem aufgespannten Tuch zum mahlen. AD OMNIA. Propre à tout. *Preparato à tutto.* Zu allem bequem.

10. Ein schlaffender Löw. COR VIGILAT. Son cœur veille. *Veglia il suo cuore.* Das Hertz wacht.

11. Ein Löw. ANIMUS CUM ROBORE MIXTUS. Composé de cœur & de force. *E composto di coraggio, e di forza.* Muth und Stärcke.

12. Ein Ballon. CONCUSSUS RESURGO. Ses secousses m'élévent. *Percosso m'inalzo.* Durch Stossen steig ich in die Höh.

13. Ein Cupido, einen Spiegel in der Hand haltend. AMANTIS VERI COR UT SPECULUM EST PERLUCIDUM. Pur & net. *Puro è netto.* Klar und schön.

14. Eine Lilie. CANDOR NON LÆDITUR AURO. Sa blancheur n'est point soüillée par l'or. *L'oro non corrompe la purità.* Die Weisse wird nicht durch Gold befleckt.

15. Ein Cupido, so einige Ziffren mit Füssen tritt/ und nur die Zahl/ Eins/ davon behält. PERFECTUS AMOR NON EST NISI AD UNUM. Je n'en aime qu'un. *Un perfetto amore, che ad un solo.* Rechte Liebe sihet nur auf Eines.

# DEVISES CHOISIES.

## Außerlesene Sinn-Bilder.

1. Zwey Bienen in einem Pflug gespannt auf einem Edelgestein. OMNE TULIT PUNCTUM. Ce n'est manquer à rien. Ne falta à nada. Ohne einigen Mangel.

2. Ein aufgehängter Löw. UT SCIAT REGNARE. Afin qu'il sache regner. Acciò che sappia regnare. Damit er regieren lerne.

3. Deß Jupiters Donner-Keul auf einen Berg herunter fallend. JOVI ET FULMINI. A Jupiter & à ses foudres. A Giove, & à suoi fulmini. Dem Jupiter und seinem Donner-Keul.

4. Ein Pferd-Zaum. REGIT ET CORRIGIT. Il regit & corrige. Regge è correge. Zum leiten und verbessern.

5. Ein Storch baut sein Nest auf einen Kirch-Thurn. HIC TUTIOR. Plus seur icy. Qui più sicura. Hier ist sicher wohnen.

6. Ein Berg. QUÆ TRIBUUNT, TRIBUIT. Elle rend, comme elle a receu. Le rende come l' hà ricevute. Empfahet und theilet wieder mit.

7. Eine Finsternus. CENSURÆ PATET. Son Eclipse l'expose à la censure. La sua Eclisse l'espone alla censura. Muß sich tadlen lassen.

8. Eine Glocke. EX PULSU NOSCITUR. On la connoit au son. Dal sono si conosce. Am Klang erkannt.

9. Das Spannische Creutz. PRETIUM VIRTUTIS. Prix de la Vertu. La ricompensa della Virtù. Lohn der Tugend.

10. Ein Löw, der sich im Spiegel beschaut. SEMPER IDEM. Toûjours le mème. Sempre il medemo. Immerdar der vorige.

11. Eine fischende Hand. NON SEMPER TRIPODEM. Il n'est pas toûjours feste. Non sempre fortunata. Nicht allzeit einen Dreyfuß.

12. Ein Compaß auf der See. IMMOBILIS AD IMMOBILE NUMEN. Immobile à une immobile Deité. Stabile ad una stabile Deità. Unbeweglich nach dem Ohnbeweglichen.

# DEVISES CHOISIES.

## Außerlesene Sinn-Bilder.

1. Eine Welt-Kugel/ und ein Fuß-Gestell darinnen. ME TRAHIT ALTUS HONOS. L'honneur suit la vertu jusques dans le plus haut des Cieux. L'honor segue la virtù sino al Cielo. Durch die Ehre angereitzet.

2. Ein Hund/ so an einem Baum kratzet. QUIETUM NEMO IMPUNE LACESSET. Ne cherche pas celui qui ne te demande rien. Non cercar, chi non ti cerca. Unruh bleibt nicht ungestrafft.

3. Ein Hund/ der sich an einem Baum lehnet. NOLI ME TANGERE. N'éveillez pas le Chien qui dort. Non toccare il can, che dorme. Rühr mich nicht an.

4. Ein an eine Saul angebundener Fuchs. SECURITAS ALTERA. On est en plus grande seurete, quand on s'est saisi des perturbateurs de l'Etat. La catena é la sicurtà de pazzi. Zur Sicherheit.

5. Drey Kronen an einer Lantzen. ESTE DUCES. Pour nous mériter, il faut vaincre ou mourir. Seguiano la vittoria. Zur Nachfolge.

6. Ein Phönix/ der sich verbrennt. SOLA FACTA SOLUM DEUM SEQUOR. Je n'en veux connoître qu'un. Non voglio conoscere che uno. Ich weiß nur von einem allein.

7. Drey Palmen-Bäum auf drey Bergen. CUM TEMPORE. Avec le tems. Con il tempo. Mit der Zeit.

8. Eine Kron mit zweyen Lorbeer-Zweigen. SALUS ET VICTORIA NOSTRA. En une bonne union consiste nôtre conservation. In una bona unione consiste la nostra conservatione. Glück und Sieg.

9. Eine Welt-Kugel und drey Bäume darinn. BREVIS VITA MAGNANIMORUM. Ce qui nous est utile, nous quitte toûjours trop tôt. Quel che è più utile, ci lascia più presto. Die Allerliebste sterben zum ersten.

10. Eine Hand/ so einen Cardinal-Hut hält. DUCTORE DEO. Dieu conduit tout. Dio conduce il tutto. Unter GOttes Geleit.

11. Liebes-Stricke. FORTITUDO EJUS RHODUM TENUIT. La resistence fait peur au Tiran. La resistenza spaventa il Tiranno. Durch seine Dapferkeit.

12. Ein Thurn/ benebenst sechs Vögel. ACCIPIO NULLAS SORDIDA TURRIS AVES. La legereté ne me sauroit plaire. L'inconstanza non agradisce. Ich nehme nicht jeden ein.

13. Ein in die Sonne schauender Adler. PRÆSTANTIOR ANIMUS. Sans crainte. Senza timore. Das Gemüth ist noch edler.

14. Zwey Fackeln. JACTÆ CRESCIMUS. Nous vivons de vents. Viviamo di vento. Durch Schwingen zugenommen.

15. Pfeil und Bogen. TRACTA MAGIS FERIUNT. Les paroles ne blessent non plus que moi. Le parole non feriscono più di me. Starck gespannt/ starck geschossen.

# DEVISES CHOISIES.

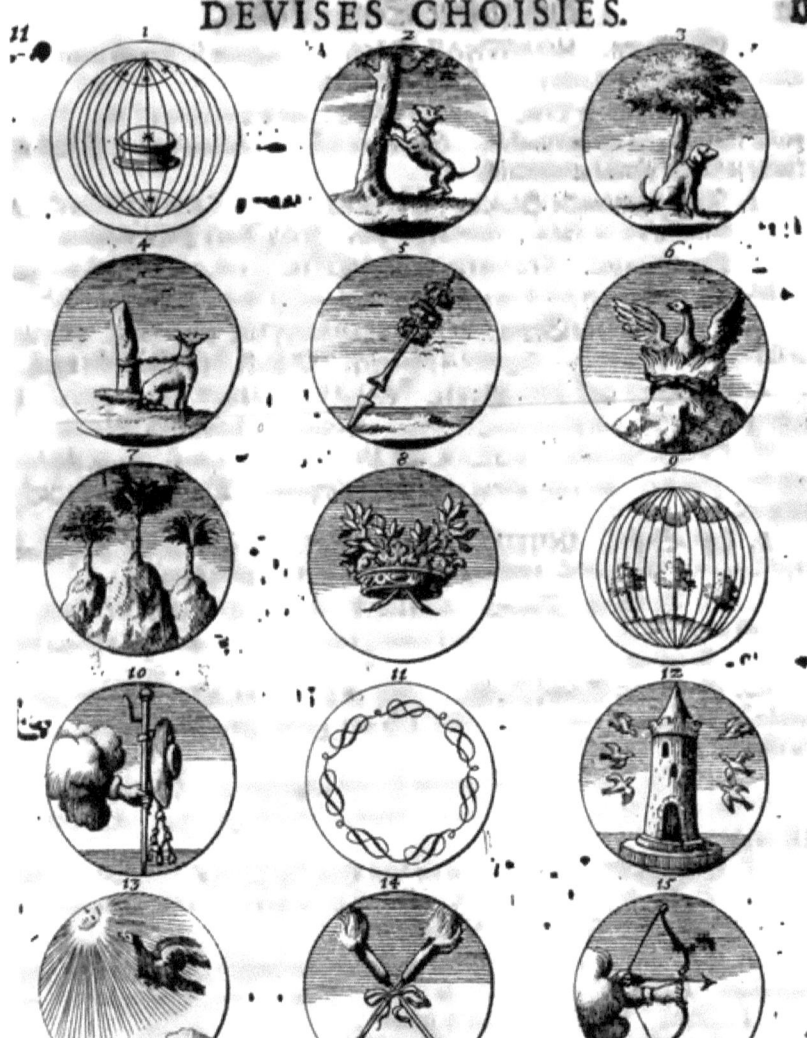

## Außerlesene Sinn-Bilder.

1. Ein Stern. MONSTRAT VIAM. Elle montre le lieu où nous devons aller. *Vera scortata alla via.* Zeigt den Weg.

2. Ein ruhender Löw. NON FURIT, SED INDOMITUS. S'il n'est point furieux, il est invincible. *Non è furioso, mà invincibile.* Nicht wütend/ sondern ohnüberwindlich.

3. Zwey brennende Hertzen. UT DUO UNUM COMPONANT. Afin de n'en faire qu'un de deux. *Sono dui in uno.* Daß Zwey Eins werden.

4. Ein Spiegel. SPLENDIDIOR MOTU. Je suis plus brillant quand on m'agite. *Nel moto più brillante.* Gläntzt mehr/ wann er bewegt wird.

5. Eine Sonnen-Blum. VOTA SEQUUNTUR EUNTEM. Mes desirs le suivent dans la course. *Seguirò li tuoi giri.* Schickt ihre Wünsche nach.

6. Ein Hertz auf dem Wasser. PACATIS LUDIT IN UNDIS. Il se joüe aprés l'orage. *Si solazza nell'acque.* Ergötzt sich nach dem Sturm.

7. Ein Schwamm. ALIENA GRAVANT. Ce que je prends de dehors me rend pesante. *Le cose aliene mi rendono pesante.* Durch frembde Last beschwert.

8. Ein Seffel. INUTILE AMBULANTI. Je suis inutile à qui ne se repose point. *Son inutile à chi non riposa.* Nicht für die Gehende.

9. Ein Triumph-Bogen. GAUDET SUB PONDERE TELLUS. La terre est bien aise de me porter. *La terra regioisce in sostenermi.* Die Erde trägt mich mit Freuden.

10. Ein leerer Vogel-Kefich. SINE ARTE VACAT. Elle est toûjours vuide, si la ruse ne s'en mêle. *Se l'arte non gioca, sarà sempre vota.* Wird durch Listigkeit voll gemacht.

11. Ein Büschel Pfeil mit einem Strick umbunden. OMNES CONTINET UNUS. Un seul les unit tous. *Una sola le stringe tutte.* Eines hält sie alle beysammen.

12. Ein Wacht-Feuer-Thurn an dem Ufer deß Meers. TERRAM PERLUSTRAT ET UNDAS. Il éclaire la mer & la terre. *Illustra il mare, è la terra.* Beleuchtet Wasser und Land.

13. Ein Capido, so einen Löwen zu Boden gebracht/ und ihm einen Zaum angelegt. REFRENATUR UT AGNUS. J'en fais un Agneau. *Il freno lo rende mansueto.* Wie ein Lamm so zahm.

14. Eine Sonnen-Uhr unter dicken Wolcken. MIHI TOLLUNT NUBILA SOLEM. Les nuages me dérobent ma lumiere. *Le nubbi mi tolgono il mie sole.* Die Wolcken benehmen mir das Liecht.

15. Ein Rechen. SPARSA COLLIGIT. Il ramasse ce qui étoit épars. *Raduna le cose sparse.* Sammlet das Zerstreute.

# DEVISES CHOISIES.

## Außerlesene Sinn-Bilder.

1. **Ein Palmen-Baum.** UNO AVULSO NON DEFICIT ALTER. Mort l'un, l'autre naît. *Mancando uno, nasce l'altro.* Es ist gleich wieder ein anderer vorhanden.

2. **Ein Pfau mit seinen Jungen.** CUM PUDORE LÆTA FOECUNDITAS. La Charité avec la pudeur. *La Carità è la vergogna.* Schamhaffte Fruchtbarkeit.

3. **Ein Pfau, der seinen Schweiff außbreitet, und seine Junge bey sich hat.** NON MINUS CHARITATIVUS QUAM SUPERBUS. Auß charitable qu'orgueilleux. *Non meno caritativo che superbo.* Guthertzig und hoffärtig.

4. **Ein halb-Bock und halb-Fisch.** FIDEM FATI VIRTUTE SEQUEMUR. La Vertu est meilleure que toutes les choses du monde. *La virtù supera tutte le cose del Mondo.* Tugendhafft gelebt.

5. **Eine Schild-Krotte.** FESTINA LENTE. Avec la patience on vient à bout de toutes choses. *Con il tempo ò la patienza si viene al fin di tutto.* Eile mit Weile.

6. **Zwey Ancker.** DUABUS. Rien de plus asseuré. *Asicuratissima.* Mit Beyden.

7. **Eine Insul in dem Meer.** TUSCORUM ET LIGURUM SECURITAS. Seureté à plusieurs. *Sicurezza à diversi.* Ihrer vielen zur Sicherheit.

8. **Eine Diana, einen Bogen in der Hand haltend.** INTEGER VITÆ SCELERISQUE PURUS. Le Sage à domination sur les Astres. *La Sapienza supera li Astri.* Ohne Tadel.

9. **Ein Creutz und eine Kron.** DEI VIRTUS EST NOBIS. La vertu de Dieu avec nous. *La virtù di Dio con noi.* GOtt mit uns.

10. **Ein Weib, so zwischen einem Löwen und einem Wolff stehet.** HETRURIA PACATA. La paix entre la ferocité & insatiabilité. *La pace vince la ferocità è la improbità.* Friede ernährt.

11. **Ein Meer-Schwein, so sich um einen Ancker herum schwingt.** FESTINA LENTE. Ne faire rien sans conseil. *Non far niente senza consiglio.* Alles wohl überlegt.

12. **Drey in einander gefügte Ringe.** SUPERABO. Je vaincrai toutes choses. *Supererò tutto.* Ich will alles überwinden.

13. **Ein Lorbeer-Baum.** LÆDENTEM LÆDO. Il ne faut point offenser, mais défendre. *Non bisogna offendere, mà difendere.* Ich verletze den Verletzer.

14. **Ein Schiff.** PROSPERO MOTU. Avec la diligence & l'étude on vient à bout de tout. *Con studio, è diligenza si vien al fine di tutto.* Mit Glück.

15. **Ein Weibsbild, das sich selbst entleibt.** FAMAM SERVARE MEMENTO. Mon exemple durera à toûjours. *Immortali sarà il mio esempio.* Ein guter Nahm geht über alles.

# DEVISES CHOISIES.

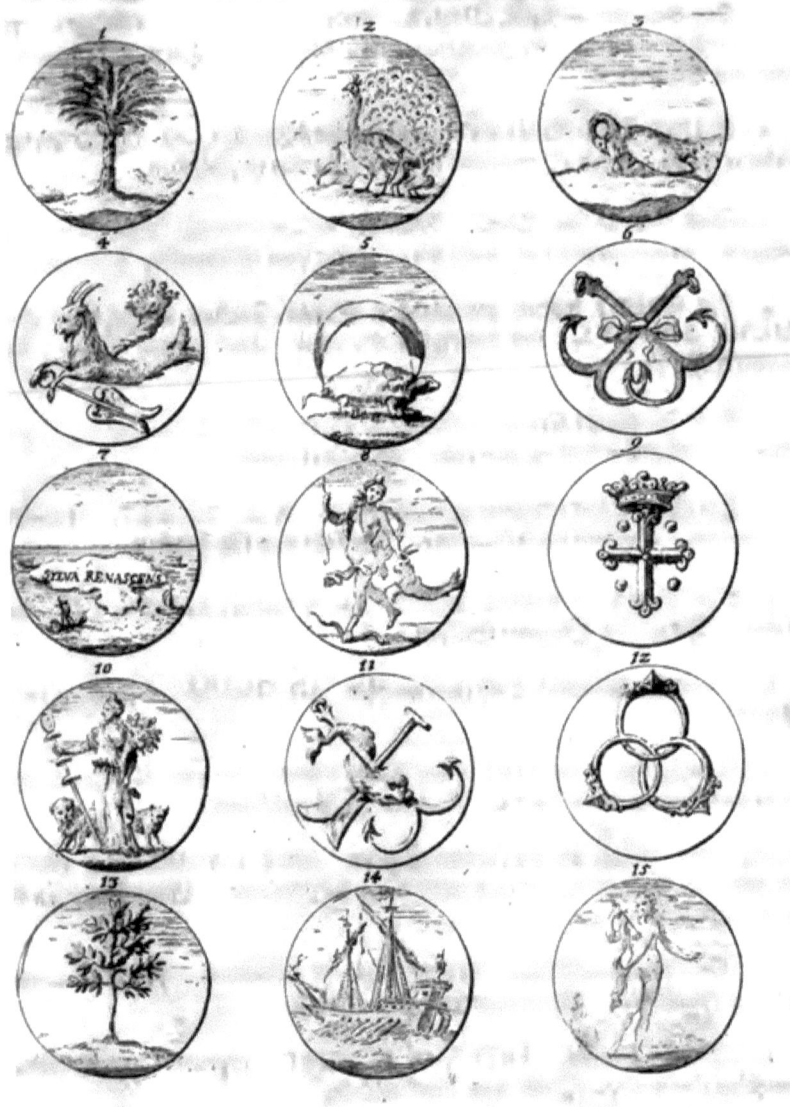

## Außerlesene Sinn-Bilder.

1. Ein Hercules in seiner Wiegen. HINC LABOR ET VIRTUS. Dés icy le travail & la vertu. *Di qui il travaglio, è la virtù.* Hiervon kommt Tugend und Tapfferkeit.

2. Ein vom Platz-Regen niedergeschlagenes Geträid. NE QUID NIMIS. Rien par excés. *Tutto il superfluo è nocivo.* Zu viel ist schädlich.

3. Das Trojanische Pferd. SPECIE RELIGIONIS. Sous pretexte de Religion. *Sotto il pretesto di Religione.* Unter dem Schein der Religion.

4. Ein Baum/ woran zerschiedene Siegs-Zeichen aufgehängt sind. ALIENIS SPOLYS. Des depouïlles d'autrui. *Delle spoglie altrui.* Auß frembden Raub.

5. Eine Päbstliche Krone. LIBRATA REFULGET. Elle éclaire également a tous. *Rischiara à tutti ugualmente.* Scheinet allen.

6. Ein Baum/ der entzwey gespaltet wird. A SE PENDET. Il depend de lui méme. *Depende da lui medemo.* Besteht von sich selbsten.

7. Eine Nacht. LUMINE SOLIS. De la lumiére du Soleil. *Dal lume del Sole.* Durch der Sonnen Schein.

8. Ein außgespanntes Tuch zum mahlen. AD OMNIA. A tout. *A tutte.* Zu allem.

9. Eine Insul. NEUTRI ADHÆRENDUM. Ni d'un côré, ni d'autre. *Nè da una banda, nè dall' altra.* Keinem Theil anhängig.

10. Zwey Händ/ die ein Liecht anzünden. SINE DAMNO SUÆ LUCIS. Sans decher de sa lumiére. *Senza mancanza del suo lume.* Ohne Schaden deß eigenen Liechts.

11. Ein Magnet-Stein. VOLENTES TRAHIMUR. Force volontaire. *La forza volontaria.* Wir lassen uns gerne ziehen.

12. Ein Grabmahl. FUTURUM INDICAT. Il pronostique l'avenir. *Pronostica l'avvenire.* Zeigt das Künfftige an.

# DEVISES CHOISIES

1. Ein auf einem Felsen stehender Fichten-Baum. QUIS EVELLET. Qui pourra l'arracher. Chi mi porrà sradicare. Wer soll ihn außreissen.

2. Ein Liebs-Knopff. MORS SOLA RESOLVET. La mort seule me denouësa. La morte sola mi scioglierà. Nur allein der Todt.

3. Ein angezündter Brandter. DAMNUM MINATUR, NON TIMET. Il menace & n'a point de peur. Si fà temere, e non teme. Trohet und förcht sich nicht.

4. Ein Degen/ mit der Spitze unter sich reichend. PORGITE LAUROS. Il ne faut que me montrer des lauriers. Non voglio vedere, che palme. Bringt Lorbeer-Kräntze.

5. Eine Sonnen-Blume. QUOCUMQUE SEQUAR. Je le suivrai par tout. Ti seguirò dove anderai. Folgt allenthalben nach.

6. Ein junger Adler/ so anfangen will zu fliegen. NON ANNOS ANIMUS REQUIRIT. La valeur n'attend pas le nombre des années. La volontà non cerca il tempo. Tugend sihet nicht auf die Jahr.

7. Ein Lorbeer- und ein Myrten-Zweig. ALTERA ALTERIUS MERCES. L'une est la recompense de l'autre. L'uno è la ricompensa dell'altro. Eines deß andern Lohn.

8. Ein Bienen-Schwarm. QUÆRIT UT PROFICIAT. Il cherche un lieu pour s'enrichir. Cerca un logo per avanzarsi. Suchet seinen Nutzen.

9. Eine gegen der Sonne fliegende Schwalbe. GRATIATUS EVOCAT ARDOR. Sa favorable chaleur m'attire. Il suo grato calor mi attira. Die angenehme Wärme locket mich.

10. Ein Sonnen-Zeiger. TOT HORAS, QUOT VIRES. Je marquerai les heures selon ma force. Misurerò l'hora a proportione. So viel Stunden als Krafften.

11. Ein Frucht-tragender Baum in völliger Blüh. SI TEMPUS FAVEBIT. Si le tems m'est favorable. Se il tempo mi favorirà. Wann die Zeit günstig ist.

12. Ein Corallen-Zweig/ ausserhalb dem Wasser. DURITIEM QUÆRO. Je sors pour m'endurcir. Cerco la durezza. Ich trachte hart zu werden.

13. Eine Ginstern- oder Pfingst-Blume/ welche früh morgens sehr wol riechet. MUSIS AURORA BENIGNA. Le matin est favorable aux Muses. L'aurora è favorevole alle Muse. Morgen-Stund trägt Gold im Mund.

14. Ein Hahn mit aufgerecktem Kopff. ET SOLI ET MARTI. Je suis devoué au Soleil & à Mars. Al Sole, & à Marte io son divoto. Beydes der Sonnen und dann dem Mars.

15. Ein Palmen-Baum/ bey dessen Wurtzel Schlangen und Frösche zu sehen. INVIDIA INTEGRITATIS ASSECLA. L'envie fait la cour à l'integrité. L'invidia fà la corte alla integrità. Der Neid ist der Aufrichtigkeit Nachfolger.

# DEVISES CHOISIES. 15

## Außerlesene Sinn-Bilder.

1. Eine Violen-Wurtzel. HUMILIBUS GRATIAM. Il y a de la beauté dans l'humilité. *L'humiltà nella bontà.* Demuth ist angenehm.

2. Eine Sonnen-Blum. SOLEM SPECTO. J'attens mon Soleil. *Attendo il mio Sole.* Ich sihe nach der Sonne.

3. Eine Blum/ Keisers-Kron genannt. MODESTA JUVENTUS, HONESTA SENECTUS. Sa naissance est modeste & sa vieillesse honorable. *La sua nascita è modesta, è sua vechiezza onorabile.* Züchtige Jugend/ ehrliches Alter.

4. Ein Maulwurff/ so eben in die Erden hinein schliefset. ATRIS NIL OBSCURA LATEBRIS. Elle est aveugle & cherche l'obscurité. *Cerca l'obscurità.* Ist blind/ und sucht doch die Finsternus.

5. Ein Biber/ welcher/ damit er nicht möchte gefangen werden/ sich selbsten die Geburts-Geilen abbeisset. MODO VITA SUPERSIT. Cela est bon, pourveu qu'il n'en meure point. *Quest' è il modo per fuggir la morte.* Wann ich nur das Leben davon bringe.

6. Ein Biber/ so nächst dem Wasser an einem Baum naget. PERSEVERANDO. Il en viendra à bout par là persévérance. *Con la perseveranza si vince il tutto.* Durch beständiges Anhalten.

7. Ein Adler. NON CANTU, SED ACTU. Non pas ma voix, mais mes actions. *Non il canto, mà le attioni mi fanno conoscere.* Nicht nur mit Worten/ sondern in der That selbsten.

8. Ein Crocodill an dem Ufer deß Nil-Flusses. TEMPORE ET LOCO. Il sait le lieu & le tems. *Sà il tempo, & il loco.* Weist Zeit und Ort.

9. Ein Eichorn/ der eine Castanien aus der Schaalen heraus nimmt. LATET ABDITA. Tu ne l'auras qu'avec peine. *Non l'haverai, che con pena.* Es steckt verborgen.

10. Ein mit außgebreiten Flügeln lauffender Strauß. NON VOLATU, SED CURSU OMNES SUPERO. Je ne vole point, mais je surpasse tous les animaux. *Non al volo mà al corso supero tutti.* Ich überlauffe alle.

11. Ein fliegender Adler. ET PROFUNDISSIMA QUÆQUE. Il voit jusques dans les abymes. *Vede sino alli abbissi.* Er sihet das Allerweiteste.

12. Ein Cupido, so einen Beltz setzet. CRESCUNT ILLAC CRESCETIS AMORES. Deux cœurs s'unissant. *Due cori si uniscono.* Die Hertzen fügen sich zusammen.

13. Ein Adler auf dem Haupt eines Hirschens. INSTANTE VICTORIA. Je le tuerai par son activité. *L'ucciderò per sua destrezza.* Der Sieg bleibt mir gewiß.

14. Ein Adler/ in der rechten Klauen einen Donner-Keul/ und in der Lincken ein Oel-Zweig haltend. UNICUIQUE PROPE. A la guerre & à la paix. *Alla guerra, & alla pace.* Zum Krieg und Frieden.

15. Eine Schlange/ so sich ihre Haut zwischen zweyen Steinen abstreiffet. VETUSTATE RELICTA. Je serai plus beau quittant ma vieille peau. *Cangiando la spoglia divengo più bello.* Wann die alte Jahre hinweg seyn.

# DEVISES CHOISIES. 16

## Außerlesene Sinn-Bilder.

1. Ein Cupido, so einen Gräntz-Stein umstosset. CEDERE NOLO, SED CEDERE COGAR MORTI. *Rien ne m'arrête. Niente mi arrestarà.* Nichts widersteht mir dann der Todt.

2. Eine Zwilling-Frucht. CONJUNCTI SUMUS. *Nous sommes unis de même. Noi siamo uniti insieme.* Wir sind vereinigt.

3. Ein brennendes Hertz zwischen zweyen Blumen. DECOR, CANDOR ET AMOR. *La pureté de l'Amour & la sincerité. Il decor dell' amor, è la sincerità.* Schön und lieblich.

4. Ein nach dem Angel-Stern sehender Pfeil. UNUS SUFFICIT. *Une seule me suffit. Una sola mi basta.* Einer ist genug.

5. Zwey zusammen gefügte brennende Hertzen. EX DUOBUS UNUM. *De nos deux cœurs l'Amour n'en a fait qu'un. Di due un solo.* Aus zweyen eines.

6. Eine Sonne und ein brennendes Hertz darunter. ELEVOR UBI CONSUMOR. *J'éleve ou je consomme. Mi sollevo dove ardo.* In der Höhe verzehrt.

7. Ein Pelican, der seine Jungen träncket. IN MORTE VITA. *La vie dans la mort. Nella morte la vita.* Aus dem Todt das Leben.

8. Ein Hand, so ein Buch hält. FAC SOLVERE NULLI. *Je ne déclare rien. Non dichiaro niente.* Für jederman verschlossen.

9. Eine Sonnen-Blume ohne Sonne. VIVO INTER ANGUSTIAS. *J'attens mon Soleil. Jo vivo nelle angustie.* Unter lauter Betrübnus.

10. Ein Paradiß-Vogel. ALTIORA PETO. *Je n'aspire qu'aux choses élevées. Desidero il mio centro.* Ich strebe nach höhern Dingen.

11. Ein Wetter-Fähnlein. SEMPER IN MOTU. *Si vous changez, je changerai. Cangiero cangiendo.* Stets in Bewegung.

12. Ein Welt-Kugel auf der Seite ligend. STULTUS FIDIT. *Sot, qui s'y fie. Folle, chi si fida.* Ein Narr trauet darauf.

13. Zwey Palmen-Bäume, die oben zusammen stossen. IDEM NOS UNIT. *Un même penchant nous unit. La medema inclination ci unisce.* Eines vereiniget uns.

14. Ein Spiegel. DICO VERA. *Je dis la verité. Dico la verità.* Ich sage die Warheit.

15. Ein Hertz, so durch einen Brenn-Spiegel angezündet wird. INFLAMMATUR. *Je brûle & ne consomme pas. Se infiamma, e pur non arde.* Wird entzündet.

1. Ein zerbrochener Degen. REPARARI NON POTEST. On ne peut la soûder. Non si puo più saldare. Kan nicht wieder gelötet werden.

2. Ein Lorbeer-Zweig. AUSPICE DEO. Dieu aidant. Dio ajutante. Mit GOtt.

3. Ein Schiff/ so durch einen Brenn-Spiegel/ worein die Sonne scheinet/ angezündet wird. INTRAT LUX ET EXIT IGNIS. Il y entre des lumieres & en sort du feu. Entrano de lumi, è sortono de fiamme. Liecht geht hinein/ und Feuer heraus.

4. Der Scorpion an dem Himmel. PEJOR SUPERIUS QUAM INFERIUS. Pire là haut qu'ici bas. Più nocivo lassù ch'in terra. Der obere ist schädlicher/ dann der untere.

5. Ein abgeschossener Pfeil. VEL ASCENDERE VEL DESCENDERE. Ou monter, ou descendre. O montare, ò descendere. Entweder über sich/ oder unter sich.

6. Eine Himmels-Kugel. ADEST, ADEST. Present à tout. Presente à tutto. Ist allgegenwärtig.

7. Ein am Wasser stehender Baum. MEMOR ADVERSÆ. A se ressouvenir de l'adversité. Si ricorda delle adversità. Deß Unglücks ingedenck.

8. Zwey zusammen gewickelte Stück Purpur auf einer Tafel. PURPURA JUXTA PURPURAM. Pourpre contre Pourpre. Porpora appo la Porpora. Purpur neben Purpur.

9. Eine Kron auf einem Küssen. BONUM FALLAX. Bien trompeur. Bene fallace. Betrügliches Gut.

10. Ein grosses Schiff. CONSULE UTRIQUE. Precautionnez par les deux bouts. Custodite à duci capi. Sorge für Beyde.

11. Junge Bäum. EX FASCIBUS FASCES. Un en produit d'autres. Un produce l'altro. Aus Büschel andere Büschel.

12. Ein Maurbrecher. LABOR OMNIA VINCIT. Le travail surmonte tout. La fatica supera il tutto. Müh und Arbeit bringt alles zuwegen.

# DEVISES CHOISIES.

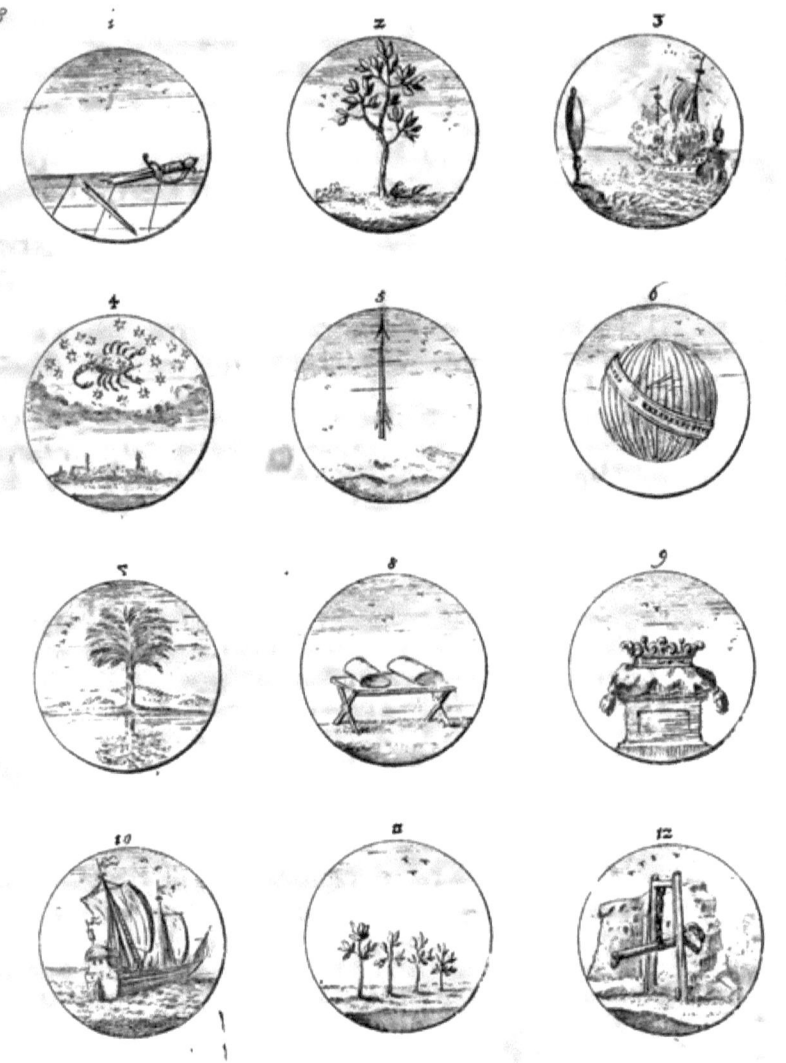

## Außerlesene Sinn-Bilder.

1. Ein Cupido mit einem Liecht in der Hand. NUNQUAM EXTINGUITUR. Il ne s'éteindra jamais. *Mai si smorzarà.* Lischt niemahlen aus.

2. Eine Feyel-Blume nächst einem Cypressen-Baum. SOLA MIHI REDOLET. Je ne trouve que cette odeur là douce. *Io non trovo che quest' odor grato.* Sie gefällt mir allein wol.

3. Eine Sonne. NEQUE RETROGRADIOR, NEQUE DEVIO. Je ne recule point, & ne fourvoye point. *Giammai in dietro.* Ich gehe weder zuruck / noch auf die Seite.

4. Eine Korn-Aehre / so von seinem Halm der Schwere halber abfällt. MIHI PONDERA CASUS. Le trop m'accable. *Il troppo m'opprime.* Die Last druckt mich zu Boden.

5. Ein siedender Kessel auf dem Feuer. SI NISI AQUA, NIL VALET. S'il n'a que de l'eau, elle ne vaut rien. *Non val niente senza compagnia.* Wasser allein richts nicht aus.

6. Ein Cupido mit einem Kriegs-Panier. EFFERAM AUT REFERAM. Je mourrai ou je l'emporterai. *O la morte, ò la gloria.* Sterben oder überwinden.

7. Eine geradstehende Waag. STATERAM NE TRANSILIAS. Sois neutre dans les intérêts de la Justice. *Sii uguale nella Giustitia.* Nicht über das Ziel.

8. Ein Cupido, so einer Schild-Krotte Fliegel anlegt. UT SIT VELOCIOR. A fin qu'elle aille plus vîte. *Affinche sia veloce.* Daß er geschwinder gehe.

9. Ein Mensch/ der eine Wolcken umfasset. NIHIL FICTA JUVABUNT. La feinte ne sert de rien. *La fintione non val niente.* Das Läugnen hilfft nicht.

10. Zwey Hämmel/ die einander mit den Köpffen stossen. DEUS NOBIS HÆC OTIA FECIT. La bonté de Dieu nous rend joyeux. *La gratia di Dio ne fa contenti.* GOttes Güte machts/ daß wir können Kurtzweil treiben.

11. Ein Cupido, so einen andern schlägt/ und dieser andre seine Hand auf die getroffene Schulter leget. OS CORDIS SECRETA REVELAT. La bouche parle de la plenitude du cœur. *Revela la lingua quello, che è nel core.* Der Mund zeigt deß Hertzens-Grund.

12. Eine Kron. UNAM PETII A DOMINO. Je n'ay demandé que cela au Seigneur. *Non ricerco altro da Dio.* Nur eine habe ich von dem HERRN gebetten.

13. Ein Cupido, ein Hertz in der Hand haltend. NE CELATUR IGNIS. Je ne puis brûler & me taire. *Non si puol brugiar tacendo.* Das Feuer läst sich nicht verbergen.

14. Ein Cupido, so ein Seil drehet. CRESCUNT VINCULA RECESSU. En m'éloignant mes liens croissent. *Crescono le mie fila.* Je weiter ich zuruck gehe/ je steiffer werden mir meine Stricke.

15. Ein Cupido, der auf seinem Köcher über das Wasser fähret. AMOR PRÆSTAT USUS. L'Amour trouve des moyens. *L'Amour trova il modo.* Die Liebe findet Mittel und Weg.

# DEVISES CHOISIES. 19

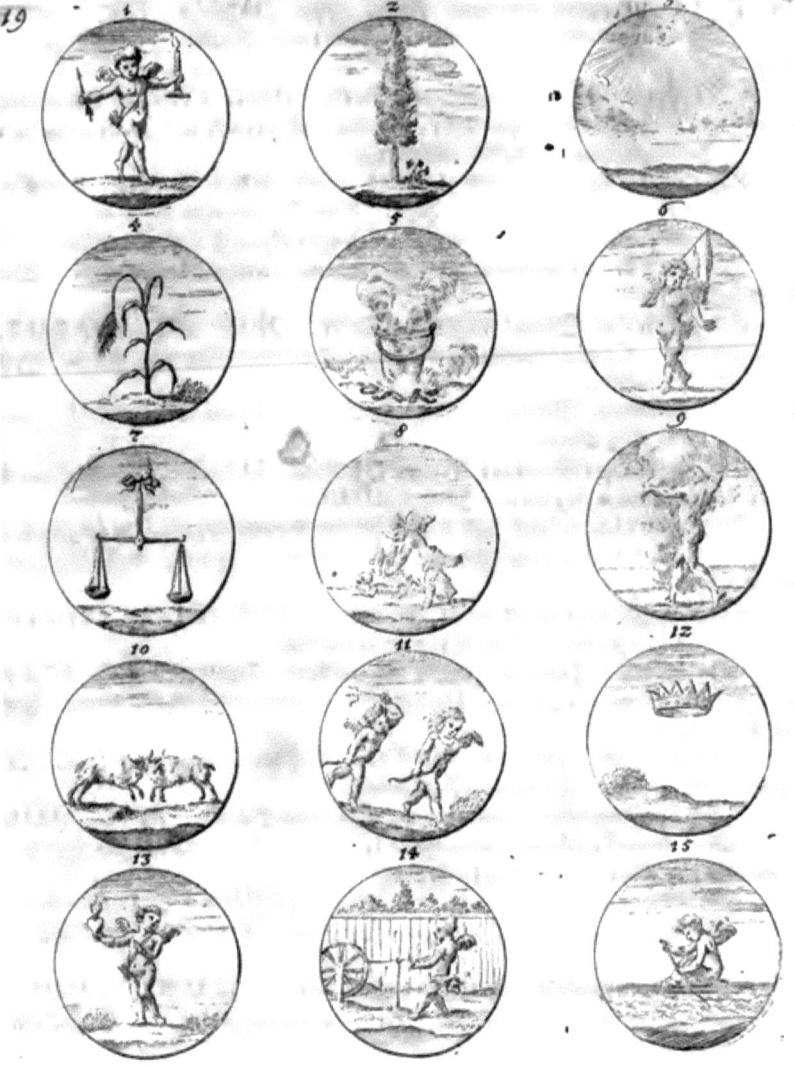

## Außerlesene Sinn-Bilder.

1. Eine gebutzte und behauene Eiche. PER DAMNA, PER CÆDES. Je repousse aprés avoir été blessé. *Rigermoglio dopo esser ferito.* Beschädigt und verletzt.

2. Eine Biene auf einem Blumen-Beth. HINC STUDIIS ALIMENTA MEIS. Je puise ici ce que je fai ailleurs. *Io prendo qui quello, che poso altrove.* Hieraus ziehe ich meine Nahrung.

3. Ein Regenbogen. NON AQUAS SINE SOLE DATO. Point de pluye sans Soleil. *Non pioggia senza Sole.* Kein Regen ohne Sonne.

4. Ein alter Klotz / woraus noch ein junger Sproß hervor kommt. IN SPEM EXSURGIT. Il renouvelle les esperances. *Rinova le speranze.* Machet Hoffnung.

5. Ein gegen der Sonne fliegender Adler. NON EST MORTALE, QUOD OPTO. Ce que je souhaite est divin. *Quel che desidero, è divino.* Ich veracht das Irrdische.

6. Eine Sonnen-Blume. TIBI SOLI. C'est pour le Soleil seul. *Solo per il Sole.* Für dich allein.

7. Ein Büschel zerschiedener Kriegs-Waffen. ELIGITE. Je vous donne le choix. *Io vi dono à scegliere.* Nur gewählet.

8. Ein Kapernbaum/ der aus einem Felsen hervor bricht. MARMORA FENDIT. Il fend le Marbre. *Rompe sino i marmi.* Bricht auch durch die Steine.

9. Ein Feigenbaum unter einer Sonne. FUGIT HIEMS. L'Hiver est passé. *L'inverno è sparito.* Der Winter ist vorbey.

10. Ein in einer Helden-Haube abgedruckte Bildnus. AD FINEM SERVAT. Je le conserverai jusqu'à la mort. *Il conserverò fino alla morte.* Biß in den Tod bewahret.

11. Ein Spiegel. NEMINI PARCIT. Il n'épargne aucun défaut. *No sparagna alcun difetto.* Schonet Niemanden.

12. Eine umgeworffene Pyramide oder Flamm-Säule. AD GLORIAM ERIGETUR. Si on la releve, ce sera pour la gloire. *Rilevata son più gloriosa.* Soll wieder zur Ehre aufgerichtet werden.

13. Ein sehr hoher Berg. UT SEMPER ASPICIAR. Je suis élevée pour étre veüe de tout le monde. *Sono per esse veduta.* Damit ich jederzeit gesehen werde.

14. Das ober-irrdische Feuer. HINC PURA SEMINA FLAMMÆ. C'est ici la source toute pure du feu. *La vera inestinguibilità.* Daher entspringt das Feuer.

15. Der Widder an dem Thier-Crayß. FELICES INCHOAT ANNOS. Il commence la bonheur des années. *Comincia il buon principio dell' anno.* Fahet ein glückseeliges Jahr an.

# DEVISES CHOISIES.

## Außerlesene Sinn-Bilder.

1. Ein Hunds-Halßband mit Nägeln beschlagen. ABSQUE PUDORE. Attache sans blâme. *Senza biasimo.* Ohne Schand.

2. Zwey Ancker / Creutzweiß übereinander gehend. IN MAGNIS NON SUFFICIT UNA. Un seul ne suffiroit pas dans une grande Tempête. *Una sola non basta in gran tempestà.* In Gefahr ist einer nicht genug.

3. Ein Fichtenbaum / voller Früchten. SEMPER MATURA. Elle est toûjours meure. *Son sempre maturi.* Immerdar zeitig.

4. Ein Vogel / an einem Baumstock angebunden. NON VOLO, QUANDO VOLO. Je ne vole pas quand je veux. *Non volo quando voglia.* Ich fliege nicht / wann ich will.

5. Ein Goldschmieds-Tiegel in der Gluth. ADVERSA PROBANT. La bonté s'éprouve dans l'adversité. *La bontà si prova nell' adversità.* Durch Unglück geprüfft.

6. Eine Krone von Stern. PIGNUS AMORIS. C'est le gage d'amour. *Il pegno dell' amore.* Der Liebe Pfand.

7. Ein Ring von zwey Händen gehalten. PROMISSA FRANGERE PUDENDUM. Rompre la foi est chose honteuse. *Il romper la fede, è cosa vergognosa.* Das Versprechen soll man nicht brechen.

8. Eine Sturm-Haube mit Spinneweben bedeckt. SYMBOLUM PACIS. C'est le simbole de la paix. *Il simbolo della pace.* Zeichen deß Friedens.

9. Ein Tempel. VIRTUTI ET HONORI. Il n'est dédié qu'à la vertu & à l'honneur. *E dedicato alla virtù, & al honore.* Der Tugend und der Ehre.

10. Ein Schild-Krott. DOMUS FIDISSIMA CUSTOS. Gardien fidéle de sa maison. *Fedelissima guardiana della sua casa.* Der beste Hauß-Hüter.

11. Ein abgestandener Eichenbaum / um den sich ein Epheu herum schwinget. ARIDA TECUM. Je seche avec toi. *M'inaridisco teco.* Ich verdorre mit dir zugleich.

12. Ein Haas. IN SOLO CURSU AUDAX. Il n'est hardi que dans la course. *Non è ardito che nella corsa.* Ist nur im Lauffen tapffer.

13. Ein Storch / so eine Schlange verschluckt. CONFICERE EST ANIMUS. Je voudrois les pouvoir détruire tous. *Vorrei poter tutti distrugerli.* Ich will sie erwürgen.

14. Ein auf der Strassen fortlauffender Hund. HERUM QUÆRO. Je cherche Maitre. *Cerco il Padrone.* Ich suche einen Herrn.

15. Eine Gans auf einem Thurn. HOSTIS ADEST. Prenez garde, l'Ennemi est proche. *Guardatevi, il Nemico è vicino.* Der Feind ist vorhanden.

# DEVISES CHOISIES.

## Außerlesene Sinn-Bilder.

1. Ein Einhorn. PRÆ OCULIS IRA. La colére au devant des yeux. La colera avanti gli occhi. Der Zorn vor den Augen.

2. Adlers-Flügel. PROTEGENT ET DESTRUENT. Elles protegent, mais elles détruisent. Proteggono, mà distruggono. Beschützen und verderben.

3. Eine brennende Hand/ so die Mucken verjaget. COMPRESSÆ QUIESCUNT. En les divisant on les appaise. In dividendole si appacificano. Zerstreuet sind sie still.

4. Zwey Hände/ die in einander schlagen. FIDE, ET DIFFIDE. Fiance & defiance. Fida e diffidati. Nicht zu wol getraut.

5. Ein Krähen-Fang. ET JUVISSE NOCET. Charité dommageable. Carità pregiuditiale. Meine Hülffe ist mir schädlich.

6. Ein Hand/ so einen Rosenstock begiesset. FERENDUM, ET SPERANDUM. Souffrir & espérer. Sperare, è suffrire. Leid und hoffe.

7. Ein Vogel und ein Schlang. CONSILIA CONSILIIS FRUSTRANTUR. Les conseils s'éludent par les conseils. I consigli si deludono con gli consigli. List durch List vertrieben.

8. Ein Schnittmesser auf einem gepuzten Baum. PURGAT, NON NOCET. Il émonde, il ne coupe pas. La scorza mà non la taglia. Nicht zum Schaden/ sondern zur Reinigung.

9. Eine Harpffe. MAJORA MINORIBUS CONSONANT. Les plus grandes s'accordent avec les moindres. Le più grandi si accordano con le più picciole. Groß und Klein/ stimmen mit einander überein.

10. Eine Schlange unter Blumen. PRUDENTIA IPSAMET. La Prudence même. La Prudenza stessa. Die Klugheit selbsten.

11. Ein Stier. IN ARENA, ET ANTE ARENAM. Sur le champ & avant le champ. Sù il campo, è avanti il campo. In und vor dem Kampff.

12. Ein Helm und Stachel-Schwein. DECUS IN ARMIS. Beauté d'armes. Honore nell'arme. Zierde in den Waffen.

# DEVISES CHOISIES.

## Außerlesene Sinn-Bilder.

1. Ein Grünspecht/ der mit dem Schnabel in einen Baum bohret. HÆC MERCES TUTA LABORIS. Je suis asûré de ne perdre pas ma peine. Son certo di non perdere la mia fatica. Der Arbeit Lohn.

2. Ein Turtel-Taube auf einem dürren Ast. IDEM CANTUS GEMITUS. Mes chants & mes gémissemens sont la même chose. I miei gemiti sono li medemi, che li miei canti. Mein Klagen und Singen ist eines wie das andere.

3. Ein paar Tauben/ ein Männlein und Weiblein. CONJUNCTIO FIDA. La fidelité nous unit. La fideltà ci unisce. Getreue Verpaarung.

4. Ein Cupido und Sonnen-Blume/ die sich nach der Sonne wendet. QUO PERGIS, EODEM VERGO. Mon regard vers le Soleil. Riguardo verso il mio Sole. Ich folge nach/ wo du auch hingehest.

5. Eine Nachtigal mit ihren Jungen auf einem Baum. MELIOR DOCTRINA PARENTUM. Nos parens sont nos meilleurs maitres. I nostri parenti sono li nostri migliori Precettori. Eltern/ die beste Lehrmeister.

6. Ein Feldhun/ so aus der Schaale schlieffet. NULLA MIHI MORA EST. A peine suis je né, que je travaille. Apena nata fatico. Ich kan nicht ruhig seyn.

7. Eine Schwalbe auf einem Haus. AMICA, NON SERVA. J'en suis l'amie, mais non pas l'Esclave. Son amica non schiava. Ich bin ein Freund/ und kein Sclav.

8. Eine Krähe und eine Nacht-Eule kämpffen miteinander. IMPLACABILE BELLUM. Point de paix entre nous. Mai pace fra noi. Ein ohnaufhörender Krieg.

9. Eine Krähe läst in ein mit Oel gefäß Gefäß Steine fallen/damit das Oel überlauffen und sie trincken könne. INGENIO EXPERIAR. J'en profiterai par mon esprit. Profiterò del mio ingegno. Durch List und Verschlagenheit.

10. Eine Biene auf einer Rose. SINE INJURIA. Je ne lui fais aucun tort. Non le fo nissun torto. Ohne Schaden.

11. Ein Immen-Korb zusamt den Bienen. LABOR OMNIBUS UNUS. Elles ne travaillent qu'à la même chose. Non travagliamo, che alla medema cosa. Sie verrichten alle einerley Arbeit.

12. Eine Schwalbe/ so über das Meer hinweg fleugt. ALIO HIBERNANDUM. Elle cherche gîte ailleurs. Cerco di andare altrove. Mein Winter-Quartier ist anderswo.

13. Ein Sommer-Vogel/ so sich selbsten in dem Liecht verbrennt. DAMNOSA VOLUPTAS. Mon plaisir me coûte la vie. Il mio piacer costa caro. Eine schädliche Belustigung.

14. Ein Cupido und ein Weibsbild auf einem Blumen-Feld. INGENS COPIA, INGENS INOPIA. L'abondance me réjoüit. La abondanza mi rallegra. Grosser Uberfluß und grosser Mangel.

15. Ein Spiegel und eine Mucke/ welche davon herunter fällt. SCABRIS TENACIUS HÆC. Elle s'y attacheroit, s'il étoit moins poli. Si attaccaria meglio, se fusse più sporco. Behangt besser auf dem Rauhen.

# DEVISES CHOISIES.

1. Ein Cupido tritt mit dem Fuß auf einen Hut. GRATUM AMANTI JUGUM. Mon fardeau est agréable. Il giogo d'Amore è gustoso agli amanti. Dem Liebhaber ein süsses Joch.

2. Ein Hammel/ der wider einen Felsen laufft. INDOMABILE FATUM. Il ne faut pas combatre contre sa destinée. Non si deve combatere contro il destino. Göttliche Versehung ist ohnveränderlich.

3. Ein Cupido, so sich im Spiegel besihet. SPECULUM, UT LEVIS AMANS, QUIDQUID OBJICITUR, RECIPIT. Loin des yeux, loin du cœur. Lontano dagli occhi, lontano dal core. Wie der Spiegel alle Bildnus annimt/ also auch ein leichtsinniger Liebhaber.

4. Ein umgerissener Baum/ der noch etliche Zweig hervor schiebt. DURA SOLATIA CASUS. C'est quelque consolation dans nos malheurs. Nasce la consolation da miei mali. Harter Trost im Unglück.

5. Ein umgehauenes Holtz und ein abgeschnittenes Korn. STAT SITA CUIQUE DIES. Nos jours sont comptez. Son contati i nostri giorni. Ein jedes Ding hat seine bestimmte Zeit.

6. Ein Hund/ der an seines Herrn Grab scharret. PAX SEPULTO. Laisse en paix les Morts. Lasciate in pace i Morti. Laß die Todten ruhen.

7. Ein Stern/ so auf ein Grab herab gefallen. FELIX MORTE SUA. Sa mort est heureuse. E felice la sua morte. Glücklich im Todt.

8. Ein Phönix in dem Feuer. FATIS CONTRARIA FATA. Ma destinée pour renaître, s'oppose à ma destinée mortelle. Mi è necessario per rinascere. Aus dem Tod das Leben.

9. Ein Oel-Baum/ so unten bey seiner Wurtzel neue Schoß bekommt. CRESCENT ILLIS CRESCENTIBUS AMORES. Elles croîtront & mes Amours de même. Crescendo cresco il mio amore. Meine Lieb wächset mit auf.

10. Ein Hertz zwischen Lilien und Rosen. DECOR, CANDOR ET AMOR. Pureté & candeur. Il decor dell' amore, è la purità. Schön/ lieblich und aufrichtig.

11. Ein fliegender Adler mit dem Donner-Keul/ und unter ihme ein Baum voll singender Vögel. PAX DECET IMBELLES. C'est aux poltrons d'être oisifs & à moi de faire la guerre. Per i poltroni la pace, per i generosi la guerra. Schwache sollen nach Frieden trachten.

12. Ein Himmel oder Baldachin für eine verwittibte Fürstin. DULCES EXUVIÆ. Ses dépouilles me sont précieuses. Queste spoglie mi son pretiose. Angenehmer Raub.

13. Ein Cupido mit einer geflügelten Hand/ und in der andern seinen Bogen haltend. OPORTET ESSE AMATORIS. Hardi & prompt. Coraggioso è presto. So muß ein Liebhaber seyn.

14. Ein voller Rosenstock. NON ROSA SINE SPINIS. Nulle Rose sans épines. Non va rosa senza spina. Keine Rosen ohne Dörner.

15. Ein Cupido begiesset einen Garten. RIGATA MAGIS CRESCUNT. Arrouser fait croître. Crescono le cose adaquate. Die Bewässerung befördert das Wachsthum.

# DEVISES CHOISIES.                24

## Außerlesene Sinn-Bilder.

1. Ein Cupido schlägt Feuer auf deß andern Zunder. SINE FOMITE FRUSTRA. En vain sans méche. *Senza materia niente.* Vergebens ohne Zunder.

2. Ein Lorbeer-Zweig. NON NISI MORIENS MUTOR. Je ne change qu'en mourant. *Non mi cangio se non morendo.* Nur durch den Tod verändert.

3. Ein Cupido will einen grossen Baum umhauen. CUM PATIENTIA ET FREQUENTIA. Patiemment & frequement. *Con patienza è frequenza.* Durch Gedult und Anhalten.

4. Eine Henne hecket ihre Jungen aus in Angesicht deß Geyers. NON CAPIET ME VIGILE. Il ne me les ôtera pas. *Chi ben veglia, non è rapito.* Er raubet nichts / so lang sie wacht.

5. Eine grosse Mucke. MELLIFICA PLAGA. Douce morsure. *Dolce morsicatura.* Süsse Wunden.

6. Ein verwundter Hirsch frisset ein Kraut/ sich darmit zu heilen. NATURA PRÆSTAT ARTE. Il trouve lui même son remede. *Trova da se medemo il suo rimedio.* Natur übertrifft die Kunst.

7. Ein Sand-Uhr. SIC TRANSEO. Ainsi va ma vie. *Cosi và mia vita.* So vergeht mein Leben.

8. Eine Lilie. DULCEDO ME ATTRAHIT. La douceur m'attire. *La dolcezza mi tira.* Die Süssigkeit locket mich.

9. Ein offener Granat-Apffel. BONA MEA MECUM PORTO. Je porte ma valeur avec moi. *Porto meco le mie richezze.* Ich trage meinen Reichthum bey mir.

10. Ein Löw vor einem Hahnen ligend. TREMOREM INJICIO FORTISSIMO. Je fai trembler le plus hardi. *Fò tremare i più forti.* Ich erschröcke den Allertapffersten.

11. Ein Vogel auf einem Ast sitzend. INCANTAT CANTANDO. Il charme en chantant. *Cantando incanta.* Macht durchs Gesang gantz verzuckt.

12. Eine Dreyfaltigkeits-Blum. PROBE CALLES, NIL DIC. Vous la savez & n'en parlez pas. *Voi la sapete è non dite niente.* Du weist es / und wilt es doch nicht sagen.

13. Ein Cupido bricht Blumen ab mitten in dem Dorn-Gesträuch. ARMA SPINA ROSAS, MELLA TEGUNT APES. Nulle Rose sans épine. *Non è dolce senza amaro.* Keine Rosen ohne Dornen / kein Honig ohne Bienen.

14. Ein hintersich gehender Krebs. TALIS EST MEUS AMOR. Ainsi vont mes Amours. *Cosi vanno i miei amori.* So ist meine Liebe beschaffen.

15. Ein Cupido blaßt das Jägerhorn/ und hetzet seine Hunde auf einen flüchtigen Hirschen an. ANTEIT VENATIO CAPTUM. Chasser avant la prise. *Prima caccia che prenda.* Erst gejagt/ darnach gefangen.

# DEVISES CHOISIES. 25

G

1. Eine Hand / so ein Stachel-Schwein ergreifft. CUM INDUSTRIA. Avec le jugement & avec la main. Con il senno è la mano. Mit Geschicklichkeit.

2. Eine Hand hält eine Trompete. INTERCLUSA RESPIRAT. Plus il est pressé, plus il fait de bruit. Più è forzata, più grida. Je beschloßner / je krafftiger.

3. Ein Stein / so in einen See geworffen worden. UNUS ERROR MULTORUM PARENS. Plusieurs fautes d'une seule. L'un error diversi. Ein Fehler kommt aus den andern.

4. Ein Stern / der vom Himmel fällt. DUM LUCEAM, PEREAM. Que je meure, pourvû que je reluise. Che mora purche riluca. Ich mag vergehen / wann ich nur scheine.

5. Ein Bienen-Korb. NULLI PATET. Nul n'y peut voir. Nissun sa che c'è di dentro. Vor iederman verschlossen.

6. Eine Hand / welche einige Waffen abwieget. QUID VALEANT VIRES. Le poids des forces. Il peso delle forze. Was die Krafften vermögen.

7. Eine Hand hält einen mit Augen versehenen Scepter. HIS PRÆVIDE ET PROVIDE. Avec ceux-ci prévoi & pourvoi. Con questo prevede, è provede. Vorsichtig und behülfflich.

8. Ein Korallen-Zweig. ROBUR ET DECUS. Force & beauté. Forza, è bellezza. Starck und schön.

9. Eine Hand hält einen Degen und einen Oranien-Zweig. FERRO ET AURO. Par le fer & par l'or. Per ferro, e per oro. Durch Eisen und Gold.

10. Eine Perlen-Mutter. NE TE QUÆSIVERIS EXTRA. Point par dehors. Non per difuori. Nicht ausserhalb gesucht.

11. Eine mit einem Schild bewaffnete Hand hält einen Lorbeer-Zweig. SUB CLYPEO. Sous le Bouclier. Sotto lo Scudo. Unter dem Schild.

12. Ein mit einem Weinreben und Lorbeer-Zweig umgewundene Lantze. IN FULCRUM PACIS. Pour appuy de la paix. Per sostegno della pace. Zu Erhaltung deß Friedens.

# DEVISES CHOISIES.

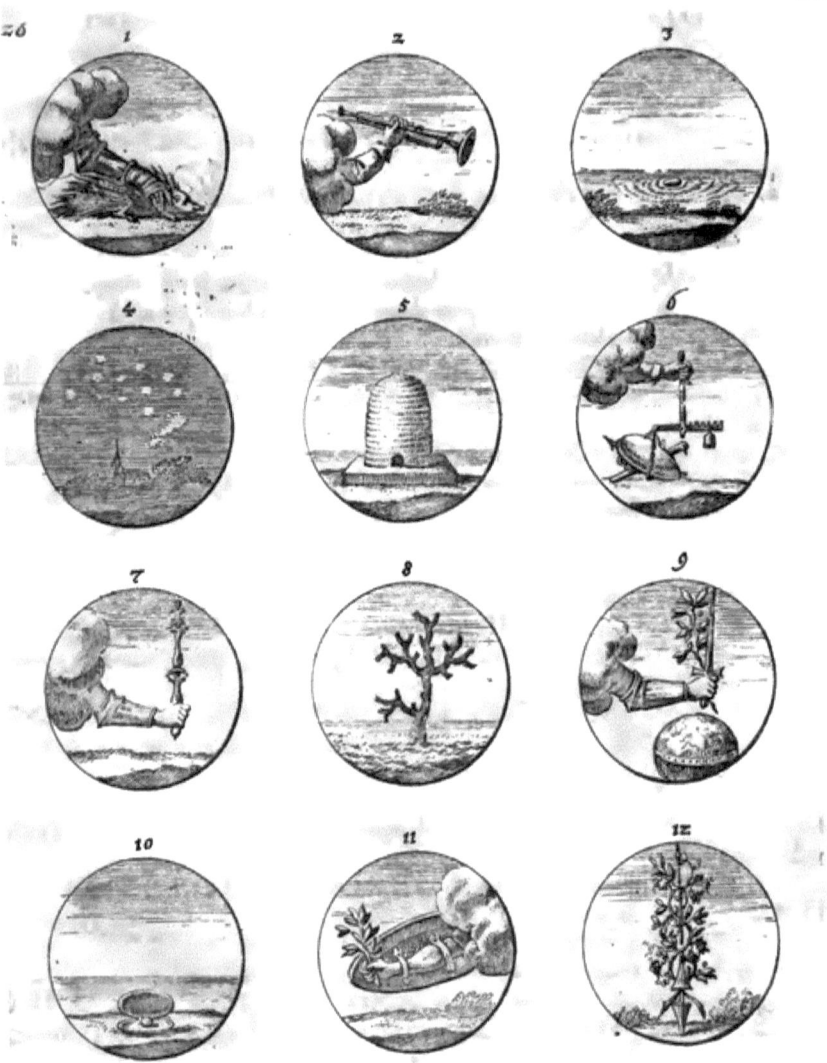

## Außerlesene Sinn-Bilder.

1. Ein unter einem Baum sitzender Cupido sihet zu/ wie es regnet. POST NUBILA PHOEBUS. Le calme aprés l'orage. *Dopo il cattivo vien il bon tempo.* Nach dem Regen scheinet die Sonne.

2. Ein Lorbeer-Krantz. NISI QUI LEGITIME CERTAVERIT. C'est pour vous, si vous faites bien. *E per voi, se la meritarete.* Nur dem/ der tapffer gekämpffet.

3. Ein Hirsch und ein in das Hertz verwundter Cupido. NULLIS MEDICABILIS HERBIS. Rien ne nous peut guérir. *Niente nos puol guarir.* Ohne heilbar.

4. Ein blühender Rosen-Stock nebst einer Knoblauch-Pflantze. PER OPPOSITA. Mon odeur en est plus douce. *Il mio odore é piu dolce.* Durch das Widrige angenehmer gemacht.

5. Die blühende Ruthe Aarons. INSPERATA FLORUIT. Elle a fleuri quand on ne l'espéroit pas. *Ha florito inaspettatamente.* Hat ohnverhofft geblühet.

6. Eine Sonnen-Blum/ und eine Sonne darüber. NON INFERIORA SEQVUTUS. Je ne voudrois pas suivre moins. *Non seguirò di piu inferiori.* Ich folge keinem Geringeren.

7. Zerschiedene blühende Rosen. ALITER COELESTIA DURANT. Les Fleurs célestes ont bien une autre durée. *Li fiori celesti sono immarcusibili.* Die Himmlische dauren länger.

8. Ein Cupido in einem Blumen-reichen Garten/ wo aber keine Sonne scheinet. IN TENEBRIS SINE ME. L'absence tuë. *Là lontonanza uccide.* Ohne mich alles traurig.

9. Ein volles Blumen-Bett/ worauf ein Regen fället. COELI BENEDICTIO DITAT. La grace du Ciel m'enrichit. *La grazia del Cielo mi arrichisce.* Deß Himmels Seegen machet reich.

10. Eine Nessel. NOLI ME TANGERE. Si vous la touchez legerement, elle vous piquera. *Chi legiermente la toccha é piagato.* Rühr mich nicht an.

11. Ein Blumen-Bett/ auf welchem die Bienen herum fliegen. UT PROSIT. C'est pour en tirer du profit. *Per tirarne profitto.* Zum Nutzen.

12. Eine Rose mit hundert Blättern. CADUCA VOLUPTAS. Beauté de peu de durée. *Una beltà caduca.* Zergängliche Schönheit.

13. Ein Cupido verehret einem andern einen silbern Korb. AURO CONCILIATUR AMOR. L'argent fait réconcilier l'amour. *Le richezze superano l'amore.* Gold erwirbet Liebe.

14. Eine Blume/ Anemone genannt. BREVIS EST USUS. Elle dure peu. *Durerà poco.* Man kans nicht lang gebrauchen.

15. Die Winde toben und blasen wider einen Baum/ können ihn aber nicht umreissen. FORTIOR EST AMOR. Plus je suis agité, plus fort je suis. *Non mi potranno sradicare.* Die Liebe ist stärcker.

# DEVISES CHOISIES.

1. Eine Pyramid. SIC SEMPER. Toûjours ainſi. *Sempre coſi.* Allzeit ſo.

2. Eine Kron und zwey Palm-Zweig. CONSTANTER ET SINCERE. Conſtamment & ſincérement. *Con conſtanza è ſincerità.* Standhafft und aufrichtig.

3. Zwey Hände/ ſo einen Baum halten. SIC IMMORTALIS SUM. Ainſi je ſuis immortel. *Coſi ſono immortale.* So bin ich unſterblich.

4. Die Arche Noe. BONÆ SPEI. Aprés la pluye le beau tems. *Dopo la pioggia il Sole.* Gute Hoffnung.

5. Ein Weib/ die auf ein Netz tritt. IMMORTALE QUOD OPTO. Je n'ai nulle eſtime pour ce qui eſt bas. *Non ſo ſtima delle coſe terrene.* Ich ſehne mich nur nach Himmliſchen Dingen.

6. Ein Donner ſchlägt in eine Thür. VIS CONJUNCTA MAJOR. La force l'emporte. *Il furor la traſporta.* Vereinigte Kräfften ſeynd ſtärcker.

7. Zwey ineinander gefügte Hände. CUM PATIENTIA. Avec patience. *Con gran flemma.* Mit Gedult.

8. Ein Baum. NULLI CEDIT. Quoi qu'agité, toûjours ferme. *Più aggitato più conſtante.* Allzeit beſtändig.

9. Ein Thurn in dem Meer. LÆSÆ LIBERTATIS AFFECTUS. Franc & libre. *Franco è libero.* Frey und ſicher.

10. Ein Elefant. NASCETUR. Tout vient à point, qui peut attendre. *Va piano è conſiderato.* Wird aufwachſen.

11. Ein Baum/ dem ſeine Blätter abfallen. COPIA ME PERDIT. Trop d'abondance me nuit. *La quantità mi noce.* Der Uberfluß ſchadet mir.

12. Ein Mann/ der einen Löwen hält. NON MIHI, DOMIME, SED NOMINI TUO DA GLORIAM. Seigneur, non point à moi, mais à toi en ſoit la gloire. *Non à me, mà à Dio ſia la gloria.* HERR/ nicht mir/ ſondern deinem Nahmen gib Ehre.

13. Ein Vogel will in einen ſiedenden Hafen fliegen. IN OLLIS VENARI. Ne cherche jamais ce qui ne t'appartient pas. *Non cercar mai quel, che non ti appartiene.* Sey nicht fürwitzig.

14. Ein Mann/ ſo die Welt-Kugel trägt. SUSTINET NEC FASTIDIT. Je porte tout ſans peine. *Porto tutto ſenza faſtidio.* Er trägt ohne Verdruß.

15. Eine Saul. FESTINA LENTE. Promtement & doucement. *Con dolcezza, è prontezza.* Allgemach in der Eyl.

# DEVISES CHOISIES.

28

## Außerlesene Sinn-Bilder.

1. Ein weisser Dornstrauch. VIRTUS HINC MAJOR. Mon odeur est plus agréable. *Il mio odore é più agradevole.* Hierdurch wird meine Krafft vermehrt.

2. Ein beschnittener Baum. PROSPICIENTE DEO. Par la Grace de Dieu. *Par la grazia di Dio.* Durch GOttes Gnad.

3. Ein mit Bäumen besetzter Berg. SI SERENUS ILLUXERIT. Pourveu qu'il soit favorable. *Purche sia favorevole.* Wann sie nur scheinet.

4. Ein Cypressen-Baum nechst zerschiedenen Raupen. NIL MIHI VOBISCUM EST. Point d'affaires avec vous. *Non hò niente con voi.* Ich hab nichts mit euch zu schaffen.

5. Ein Oel-Baum mit beschnittenen Zweigen. TANTO UBERIOR. Je pousserai avec plus de force. *Crescerò con magior forza.* Nur desto überflüssiger.

6. Ein Berg/ worauf ein Lorbeer- und ein Palmen-Baum stehen. ARDUA AD VIRTUTEM. Le chemin de la vertu est difficile. *La strada della virtù è deficile.* Der Tugend-Weg ist beschwerlich.

7. Ein Weiden-Baum. NEGLECTA JUVENTUS. Je ne produis rien. *Non produco niente.* Die versäumte Jugend.

8. Ein Feigen-Baum mit seinen Früchten. MITTE NON PROMITTE. Donne des fruits sans les promettre. *Da i tuoi frutti senza prometerli.* Nicht nur versprechen/ sondern auch würcklich geben.

9. Ein Palmen-Baum und eine Sonne darüber. HAUD ALITER. Je ne viens pas autrement. *Non altrimenti.* Nicht anderst.

10. Ein Hirt mit seinem Schaaf-Hund und Hirten-Stab. FIDELIS ET SECRETUS. Fidéle & secret. *Fidele è segreto.* Treu und geheim.

11. Eine Eiche und ein Erdschwamm. RARA JUVANT. Les choses rares sont avantageuses. *Le cose rare sono avantagiose.* Seltzame Sachen sind angenehm.

12. Ein Myrten-Baum. CONCUSSA UBERIOR. Plus fertile par ses blessures. *Più fertile per le sue ferite.* Durch die Verletzung fruchtbarer.

13. Eine Eichen/ dessen grosse Aeste zusammen gebunden seynd. NE RUMPERER. Pour n'être rompu tout à fait. *Per non esser rotta.* Damit ich nicht gantz zerrissen werde.

14. Ein Maulbeer-Baum. CUNCTA CUM TEMPORE PROFICIO. Je profite avec le temps. *Con il tempo profitto.* Ich nutze mit der Zeit.

15. Ein Oel-Baum. NEC INCIDI NEC EVELLI. Il ne me faut point tailler ni arracher. *Non mi tagliare, ne sradicare.* Weder abgehauen/ noch ausgerissen.

# DEVISES CHOISIES.

## Außerlesene Sinn-Bilder.

1. Ein Stachel-Schwein. DECUS ET TUTAMEN IN ARMIS. Il lui sied bien de vivre sous les armes. *La sicurezza & il decoro è nell' armi.* Meine Waffen zieren und beschützen mich.

2. Eine Bombe. QUO RUIT, FERT LETHUM. Tous ses coups sont mortels. *Tutti li colpi son mortali.* Bringt allenthalben den Tod mit.

3. Eine Bombe. QUOCUMQUE CADAT, DAT STRAGEM. Il fracasse dans les lieux, où son ardeur le porte. *Fracassa, dove cade.* Schlägt alles nider / wo sie hinfällt.

4. Die Feur-Säule / so die Juden durch das rothe Meer geführet. IN TUTUM PER ITER. Par chemin inconnu. *Per strade incognite.* Durch ohnbekandte Wege.

5. Ein Stachel-Schwein. TOT TELA, QUOT HOSTES. Autant de traits, que d'ennemis. *Tante arme, che Inimici.* So viel Pfeile als Feinde.

6. Ein Stachel-Schwein. OMNI A PARTE TIMENDUS. De touts parts à craindre. *Da tutte le parti si deve temere.* Von allen Seiten forchtbar.

7. Ein Comet-Stern. NULLI IMPUNE VISUS. Qui le voit sans trembler? *Non si puol vedere senza tremare.* Hat niemaln umsonst geschienen.

8. Ein Adler / der auf seinen Raub herunter schiefst. ET FULMINIS VELOCIOR ALIS. Plus vite que la foudre. *Più presto, che un fulmine.* Schneller dann der Blitz.

9. Eine Musqueten. MINIS EST PROMPTIOR ICTUS. Il est plûtôt venu, qu'entendu. *Più tosto arrivato, che inteso.* Eher empfunden / als gehört.

10. Ein grosses Schiff. FORTUNAM ARTE REGIT. Il soûmet la Fortune par son addresse. *L'arte regge la Fortuna.* Durch Glück und Kunst.

11. Eine Schleuder. A GIRO FORTIOR ICTUS. En tournant, elle rend son coup beaucoup plus fort. *Girando rende il colpo più forte.* Durch das Umschwingen nur stärcker.

12. Ein Hahn verjagt einen Löwen. VENI, VIDI, VICI. Assez de le voir pour le vaincre. *Basta vederlo per atterirlo.* Augenblicklich überwunden.

# DEVISES CHOISIES.

1. Eine Hauß-Wurtze auf einem Tach. VITA TAMEN SUPEREST. Bien qu'elle ne soit plus en terre, elle vit encore. *Ancorche non sà più in terra, tanto vive.* Ist doch belebt.

2. Eine Korn-Garbe. E PARVIS GRANDIS ACERVUS. Un amas composé de petites parties. *Un molto composto di picciole parti.* Aus kleinen Theilen ein grosser Hauffen.

3. Eine unter dem Graß versteckte Schlange. VIGILATE TIMENTES. Prenez garde à vous. *Guardatevi bene.* Nimmt euch in acht.

4. Ein Bund Heu. HOC OMNIS CARO. Il n'est que du foin. *Non è che fieno.* So ist alles Fleisch.

5. Eine Kürbis-Pflantze nächst einem Geschirr mit Wasser/ zu welcher die Kürbis von selbsten hinzu kriechen. NULLO DOCENTE MAGISTRO. Elles se font naturellement. *Si fanno naturalmente.* Ohne Anführung eines Lehrmeisters.

6. Eine Majoran-Blume und ein Schwein/ welches daran riechet/ aber solchen Geruch nicht für gut befindet. NON TIBI SPIRO. Ce n'est pas pour toi, que je sens bon. *Non e' per te, che son odorosa.* Ich gehöre nicht für dich.

7. Eine Pflantze/ deren Saamen-Körner auf den Boden fallen. SPES ALTERA VITÆ. Nous devons espérer une autre vie. *Debbiamo sperar' una seconda vita.* Man muß ein anders Leben hoffen.

8. Ein Krantz von Lorbeer-einer von Eichen-und einer von Palmen-Blättern/ alle drey in einander geflochten. HIS ORNARI AUT MORI. Il faut en être couronné, ou mourir. *O morire, o esserne coronato.* Entweder diese erworben/ oder gestorben.

9. Eine Blume/ Tuberosa genannt. DIARII OMNES. Tous sont journaliers. *Sono tutti alla giornata.* Sie dauren alle nur einen Tag.

10. Ein Elefant spielt mit einem Lamm. MANSUETIS GRANDIA CEDUNT. Les plus elevez cédent aux humbles. *Li più grandi cedono alli più humili.* Auch die Gröste weichen denen Demüthigen.

11. Ein Naßhorn schärffet sein Horn an einem Felsen. NON INULTUS REVERTAR. Tu en seras puni. *Tu ne sarai punito.* Ich gehe nicht ohngerochen zuruck.

12. Ein Elefant stehet im Wasser/ und schaut nach der Sonne. PURA PLACET PIETAS. La Piété purifiée plait à Dieu. *La pietà purificata piace à Dio.* Reine Andacht ist GOtt angenehm.

13. Ein Cameel macht das Wasser trüb/ wovon es trincken will. TURBATA DELECTAT. Je me plais à boire dans l'eau trouble. *Mi piace di bevere l'acqua torbida.* Ich liebe das Trübe.

14. Ein Löw mit einer Schlangen um den Halß. NIL DECENTIUS. Rien n'est plus propre que le courage & la Prudence. *Niente di più proprio che il coraggio & la Prudenza.* Nichts wohlständigers.

15. Ein Naßhorn tödtet einen Bären mit seinem Horn. VIM SUSCITAT IRA. La colére reveille ma force. *La collera risveglia la mia forza.* Zorn machet starck.

# DEVISES CHOISIES.

31

1. Ein Löw frißt einen Affen. AD MEDELAM.
seulement. E solamente per guarirmi. Zur Gesundheit.

2. Ein verwundter Löw wird von einem Hund gebi[ssen]
CEDAM. Tout blessé que je suis, je ne me rendrai pas.
renderò mai. Ich weiche doch nicht/ wann ich schon verw[undt]

3. Ein Elefant zertritt eine Schlange/ die ihn stechen [will]
PUNE FERES. Tu en seras puni. Tu ne sarai punito. Es soll

4. Ein Lorbeer-Baum/ an welchem ein Weinstock
VOS NON VOBIS. Vous agissez pour les autres & no[n]
adoperate per gli altri, e non per voi. Nicht für euch/ sond[ern]

5. Ein angebundener Löw/ dem der Kopff bedeckt ist.
TIA VINCIT. La Prudence vient à bout de la Colere.
la Colera. Klugheit überwindt den Zorn.

6. Ein Löw fliehet vor einer brennenden Fackel. M[A]
GANT. Les Grands ont peur de peu de chose. Li Grand[i]
cosa. Grosse Leut förchten sich auch vor geringen Dingen

7. Eine Stech-Palme. SUSTINE VEL ABSTINE.
piqué, ou ne me touchez point. O non mi toccate, ò soffrite d[a]
de/ oder bleib davon.

8. Eine Eiche und ein Palmen-Baum/ beede voll
güldne Zeit vor. SPERARE NEFAS. Il ne faut plus
revienne. Non bisogna più sperare che torni questo tempo.

9. Eine Weinrebe ohne Pfahl und gantz aufrecht steh[et]
IPSA. Elle se soûtient d'elle même. Si sostiene da se med[esima]
sich selbsten.

10. Der Baum Persea genannt/ dessen Blätter [und]
Früchte einem Hertzen gleich sehen. CONCORDIA C[ORDIS]
L'union du cœur & de la bouche. L'union del core, e della
Mund stimmen mit einander überein.

11. Ein gantzer Fichten-Apffel. NISI FREGERIS. [Se]
si vous ne la rompez. Niente haverete, se non la romperete. E[s]

12. Ein dürrer Rosenstock im Winter. NEGLE[CTA]
Quoi que néglige je reverdis. Io reverdisco ancorche aban[donato]
ge wieder aus/ wann ich schon nicht in acht genommen wer[de]

13. Ein Tisch/ worauf zerschiedene Wein-Gläser st[ehen]
IN REBUS. Il en faut user sobrement. Bisogna usarne
Maaß in allen Dingen.

14. Ein blühender Rosenstock wird von viel schändlic[hen]
sen. TURPIBUS EXITIUM. La bonne odeur fait mour[ir]
Il bono odore uccide gli animali puzzolenti. Den Unreinen

15. Ein Fichten-Baum/ um den eine Kürbis-Pflantz[e]
NATA CITO PEREUNT. Ce qui vient promtement, [periste promtement]
presto nasce, presto perisce. Bald aufgewachsen/ bald ver[gehet]

# DEVISES CHOISIES. 32

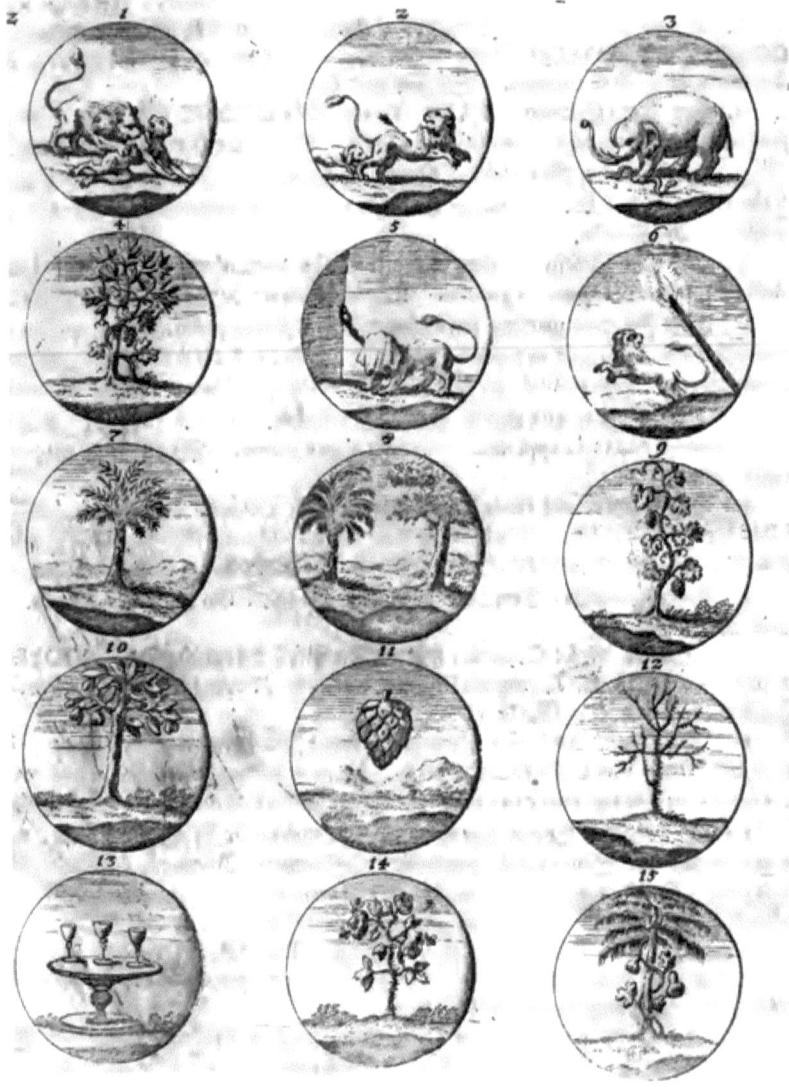

## Außerlesene Sinn-Bilder.

1. Ein Ochsen-Joch. SUAVE. Il est doux. E soave. Ist angenehm.

2. Apollo die in einen Lorbeer-Baum verwandelte Daphne ergreiffend. QUÆRIT ET ASSEQUITUR. Il court aprés les Lauriers, & il les trouve. Corre dietro i Lauri, & li ritrova. Suchet und findet.

3. Ein Irr-Garten. FATA VIAM INVENIENT. Ma destinée m'en fera sortir. Il mio destino mene fara uscire. GOtt wird mich schon leiten.

4. Apollo ziehet dem Marsias, den er im Singen überwunden/ die Haut ab. VINDICAT ARTES. Il vange les beaux arts. Vendica le belle Arti. Vertheidiget die Künste.

5. Ein Oel-Zweig um eine Streit-Kolbe gewunden. UTRUM LIBET. Paix ou guerre. O pace, o guerra. Welches unter beyden man verlanget.

6. Eine Sonne/ und die halb-begrabne Nymphe Leucothea, welche in einen Weyrauch-Baum verwandelt worden. TIBI PARAT. Il se prépare de l'Encens pour l'Immortalité. Si prepara dell Incenso per l'immortalità. Für dich.

7. Eine Eggen auf einem gepflügten Acker. EVERTIT ET ÆQUAT. Elle renverse, mais elle applanit. Riversa si, ma spiana. Wirfft um/ und macht doch eben.

8. Das Conterfait einer hertzlich-geliebten Person. SOLATIA LUCTUS EXIGUA INGENTIS. C'est une petite consolation pour une perte si grande. E una piccola consolatione per si gran perdita. Schlechter Trost in grossem Leyd.

9. Ein Spinnen-Geweb. ITA ET NON. Ou & non. Si e no. Ja und Nein.

10. Die Nymphe Coronis, mit einem Pfeil durchschossen. VIOLENTI NUMINIS ULTOR. Il vange sa Divinité offensée. Vendica la sua offesa Divinità. Rächet die beleydigte Gottheit.

11. Ein Igel/ an dessen Stacheln einige Früchten angesteckt seyn. MAGNUM VECTIGAL PARCIMONIA. Le bon ménage est d'un grand revenu. La bona condotta è di una gran rendita. Sparsamkeit ist das beste Einkommen.

12. Die auf der Erden ligende und schmachtende Nymphe Clitia, nächst einer gegen der Sonne sich wendenden Sonnen-Blumen. SIC DIGNUS AMARI. Il mérite d'être aimé même aux dépens de la vie. Merita d'esser' amato al costo della propia vita. So ist er liebens würdig.

13. Ein Fuß-Angel. QUOCUMQUE FERAR. Quelque part que je tombe, je serai toûjours debout. Per qual si voglia parte ch'io cado, saro sempre perdritto. Ich mag fallen/ wie ich will.

14. Apollo erlegt mit einem Pfeil den Drachen Python, so grossen Schaden im Land gethan. UTILIS ORBI. C'est ainsi qu'il est utile au monde. Cosi sarà d'utilità al mondo. Der Welt zu Nutz.

15. Ein löcherichtes Faß/ woraus das Wasser aller Orten heraus rinnet. HAC ILLAC PERFLUO. Je me consomme en toutes maniéres. Io mi consumo per tutte parti. Ich rinne allenthalben.

# DEVISES CHOISIES.

# Außerlesene Sinn-Bilder.

1. Die Sonne hinter den Wolcken. TEGITUR QUÆ PARAT DUM FULMINA. A couvert il prépare la foudre. *Al coperto prepara il fulmine.* Sie machet ein Wetter/ wann sie bedeckt ist.

2. Ein Bienen-Schwarm mit seinem König. DUCIT ET EXCITAT AGMEN. Il les anime & les méne au combat. *Le conduce, é le inanimisce alla battaglia.* Muntert auf und frischet an.

3. Eine Sonne/ so die Wolcken von einander trennet. UT VIDI, VICI. Dés que je les ay vûs, ils ont été vaincus. *Sono state vinte si tosto che bhanno veduto.* So bald angeschaut/ so balden überwunden.

4. Eine Wende. INGENIO ET VIRIBUS. Par la force & l'adresse. *Per la forza, è l'ingegno.* Durch Klugheit und Stärcke.

5. Ein blühender und Frucht-tragender Oel-Baum. QUOT FRUCTUS IN JUVENTA. Que de fruits avancez en la fleur de jeunesse. *Frutto senil, giovenil fiore.* Wie viel Früchte in der Jugend.

6. Ein Steur-Ruder eines Schiffs. LEGEM PONIT AQUIS. Aux flots il fait la loi. *Fà la legge alle flotte.* Gebietet den Wassern.

7. Ein Felß/ so von den Wellen und Winden bestürmet wird. IMMOTUS CONCURRERE VIDI. Il voit sans s'ébranler leurs violens efforts. *Vede senza spavento i suoi movimenti, è sforzi.* Laß sie toben/ ich bleib ohnbeweglich.

8. Ein Gran/ die Stein damit in die Höhe zu winden. PER ARTEM MOVET. Tout céde à son adresse, aussi bien qu'à sa force. *Tutto cede al suo ingegno, come alla sua forza.* Durch Kunst bewegt.

9. Die Sonne/ und einige Vögel in der Lufft. LÆTI CUM LUMINE SOLIS. Heureux d'être éclairez d'une telle lumiére. *Felici per essere rischiarati per si bel Lume.* Mit frohem Sonnenschein.

10. Ein grosser blühender und schöner Frucht-tragender Citronen-Baum. NOVA SEMPER, GRANDIA SEMPER. Grandes productions de toutes saisons. *Di tutte le staggioni una gran produttione.* Allzeit neu und groß.

11. Ein Immen-Korb. NULLI SECRETUM PATET. Nul n'en pénétre le secret. *Nissun ne sà il segreto.* Niemand weißt das Geheimnus.

12. Ein grosses Schiff. TENDIT ITER VELIS. Toûjours à pleines voiles. *Sempre à piene vele.* Fähret mit vollen Seglen.

## Außerlesene Sinn-Bilder.

1. Ein Hertz unter den Dornen. EX SITU INFELIX. Aussi malheureux que mal placé. *Il loco infelice.* Unglückseelig wegen seines Lagers.

2. Ein Kloster/ wo eine Nonne zum Fenster heraus sihet. COACTA VIRGINITAS Pucelle par force. *Verginella per forza.* Gezwungene Jungfrauschafft.

3. Ein Hertz auf einer Saul/ welches von der Sonnen beschienen und von einer Hand gekrönt wird. PROPTER CONSTANTIAM. C'est pour sa constance. *E per la sua constanza.* Wegen seiner Beständigkeit.

4. Eine blühende Süßholtz-Pflantze. DULCEDO OCCULTA. Ma douceur est cachée. *Mia dolcezza nascosta.* Verborgene Süssigkeit.

5. Zwey Cupidines schiessen nach einem in der Höhe aufgestelltem Hertzen. LÆDERE CONANTUR. Ils tâchent de le blesser. *Procurano di ferirlo.* Suchen es zu verletzen.

6. Ein Hund an einem halb-abgestandenen Baum angebunden. SINE SPE FIDELIS. Sans espoir je suis fidéle. *Io sono fedele senza sperare.* Getreu ohne Hoffnung.

7. Ein brennendes Hertz hat ein Schlüssel-Loch/ und ober sich eine Krone. SOLUS CLAVEM GERIS. Toi seul en as la Clef. *Tu solo ne hai la chiave.* Du hast allein den Schlüssel darzu.

8. Ein Cupido pißt auf seine Fackel. FLAMMAS EXTINGUO. J'éteins mes flammes. *Estinguo le fiamme.* Ich lösche die Flammen.

9. Ein Cupido schießt nach dem Hertzen einer schönen Weibs-Person. AMOR EST SCOPUS. Amour est le but. *Amore è lo scolpo.* Die Liebe ist das Ziel.

10. Zwey aneinander gefügte Hertzen/ und zwey Schlangen darunter. INVIDIA FREMENTE CONJUNCTA. Unis malgré l'envie. *Uniti malgrado l'invidia.* Dem Neyd zu Trotz miteinander vereiniget.

11. Ein Hirsch wird von Hunden und einem Reuter verfolgt. POENA GAUDIUM SEQUITUR. La peine suit les plaisirs. *Dopo il piacere le pene.* Auf Freude folget Leyd.

12. Ein Cupido auf den Knien vor einer Dame. COMBURENTEM ADORO. J'adore ce qui me brule. *Adoro chi mi brugia.* Welche mich brennet/ die bete ich an.

13. Die Hoffnung tritt den Tod unter ihre Füsse. SPES IMMORTALIS. Mon esperance est immortelle. *La mie speranza è immortale.* Meine Hoffnung ist ohnsterblich.

14. Ein gejagter Strauß/ dem sehr hart zugesetzt wird. VENATIO ANTE PRÆDAM. Chasser avant la prise. *Cacciare avanti la presa.* Erst gejagt/ so dann gefangen.

15. Ein Berg in dem ungestümmen Meer/ und auf demselben eine Taube. IN CONSTANTIA QUIESCO. Je repose sur la Constance. *Riposo su'lla Costanza.* Ich ruhe auf Beständigkeit.

# DEVISES CHOISIES.

1. Ajax ve schencket ein Degen-Behengk. IN DONA HOSTIUM. Le présent des Ennemis. *Il regalo de nemici.* Feindliches Geschenck.

2. Narcissus besicht sich im Wasser. PERICULOSUM EST INCIDERE IN AMOREM SUI. C'est une chose périlleuse de tomber dans l'amour de soi même. *E cosa pericolosa in amorarsi di se medemo.* Ein gefährlichs Ding um die Selbst-Liebe.

3. Bellerophon erlegt das Ungeheur. VIRTUS ANIMI SUPERAT OMNIA. La vertu & le courage surmonte tout. *La vertù è il coraggio supera tutto.* Die Tugend überwindet alles.

4. Der in das Meer stürtzende Icarus. CAVETE AB INCERTIS. Ne vous fiez pas sur des choses incertaines. *Non vi fidate delle cose incerte.* Trauet nicht auf ein Ungewisses.

5. Ganimedes auf deß Jupiters Adler sitzend. SUBLIMIA PETIT. Il recherche les choses célestes. *Ricerca le cose celesti.* Trachtet nur nach hohen Dingē.

6. Ein Tod schlägt einen Cupidinem. DE MORTE AD AMOREM. De l'Amour à la Mort. *Dall' Amore alla Morte.* Von der Liebe zum Tod.

7. Der Fisch Remora sich um einen Pfeil schlingend. FESTINA LENTE. Le peril & la considération. *Il pericolo e la consideratione.* Eile mit Weile.

8. Ein Königlicher Scepter mit Turtel-Tauben umringt. CONCORDIA. Avec la concorde. *Con la concordia.* Mit Eintracht.

9. Ein Storch bringt seinen Jungen zu essen. GRATIAM REFERENDAM. La Charité partagée. *La Carità comparita.* Man soll danckbar seyn.

10. Ein von dem Meer auf das Land geworffnes Meer-Schwein. IN EUM, QUI TRUCULENTIA SUORUM PERIERIT. Ne vous fiez pas à ceux qui ne pardonnent point à leurs domestiques. *Non vi fidate di chi non la pardona a suoi domestici.* Dem ist nicht zu trauen / der gegen seine eigene Haußgenossen grausam ist.

11. Acteon wird von seinen Hunden gefressen. IN RECEPTATORES SICARIORUM. Assassiné des plus fidéles. *Assasinato da più fedeli.* Von seinen Getreuesten gefället.

12. Phryxus schwimmt auf dem guldnen Fluß über das Meer. DIVES INDOCTUS. La richesse sans la prudence. *La richezza senza prudenza.* Reich und ungeschickt.

13. Ein Cupido hält in der rechten Hand einen Fisch / und in der Lincken eine Blume. POTENTIAM HABET UNDIQUE. Il a le pouvoir sur la Mer & sur la Terre. *Hà il potere in Mare, e in Terra.* Ist aller Orten mächtig.

14. Ein Adler auf dem Grab deß Arestomenis. SIGNA FORTIUM. Le signe de la gloire & de la force. *Il segno della forza è della gloria.* Zeichen der Tapfferkeit.

15. Ein todter Löw wird von Kaninichen angegriffen. CUM LARVIS NON LUCTANTUR. Il est honteux de combattre avec les Morts. *E vergogna combattere co' Morti.* Es ist schändlich sich an Todten zu rächen.

# DEVISES CHOISIES.

36

## Auserlesene Sinn-Bilder.

1. Eine die Ewigkeit bedeutende Schlange / nächst vielen in einander geschlungenen Knöpffen. ÆTERNITAS NON PERSCRUTARI POTEST. L'Eternité ne peut pas être persecutée. L'Eternita non puol essere perscrutata. Die Ewigkeit ist ohnergründlich.

2. Ein halben Theils eingegrabenes Stück Geschütz. HÆRENT SUB CORDE SAGITTÆ. Mes forces sont cachées. Le mie forze sono nascoste. Meine Macht ist verborgen.

3. Ein brennender Berg. NATURA MAJORA FACIT. La Nature fait de plus grandes choses. La Natura fa più gran cose. Die Natur würckt noch grössere Dinge.

4. Ein aufrecht sitzender Löw / eine Hand mit Pfeilen / und eine Krone darüber. ISTIS. Avec ceux cy. Con queste. Mit diesen.

5. Ein Erden-Kugel und ein Adler darinnen / aussen aber um dieselbe herum zwey Hånd und zwey Schlangen. FIDE ET CONSILIO. Par la Foi & le Conseil. Per Fede & Consiglio. Durch Treue und guten Rath.

6. Ein Elefant und etliche Lämmer. INFESTUS INFESTIS. Je suis malin aux malins. Maligno alli maligni. Feindlich gegen Feinden.

7. Ein Siegs-Zeichen. RECONDUNTUR NON RETUNDUNTUR. On les conserve, mais il ne faut pas les oublier. Si conservano, mà non si smenticano. Sie werden verwahret / aber nicht vergessen.

8. Ein Siegs Zeichen. SPOLIATIS ARMA SUPERSUNT. Les dépouilles ont encore des armes. Li spogliati hanno ancora delle armi. Die Beraubte haben auch noch Waffen.

9. Ein Lorbeer-Krantz. INSTAR OMNIUM. Comme tous. Come tutti. Gleichwie alle.

10. Ein Oel-und ein Palmen-Zweig durch eine Krone gehend. PRÆMIO ET POENA. Pour la récompense & pour la peine. Per ricompensa, & pena. Zum Lohn und zur Straffe.

11. Ein aus seiner Schalen schlieffender Vogel. NEC DEGENERO. Je ne degénère pas. Non degenero. Ich schlage nicht aus der Art.

12. Ein gekröntes Creutz mit Perlen umgeben. QUIS DICERE LAUDES. Qui pourra dire les loüanges. Chi potrà dire le sue lodi. Wer kan sie genugsam loben.

13. Ein Sonnen-Craiß. PREMITUR NON OPPRIMITUR. Il est pressé, mais non opprimé. Si preme, mà non s'opprime. Bedeckt / aber nicht verdunckelt.

14. Ein Naßhorn. NON RECEDO, NISI VINCAM. Je ne partirai pas, que je n'aye vaincu. Non partirò, se non haverò vinto. Nicht gewichen / man habe dann überwunden.

15. Zwey Lorbeer-Zweig und ein Creutz darüber. IN VIRTUTE TUA. Par ta puissance. Per la tua potenza. Durch deine Krafft.

# DEVISES CHOISIES.

# Außerlesene Sinn-Bilder.

1. Ein Löw und über ihm eine Sonne. ET EX UNGUE, ET EX SOLE. On me connoit à l'Ongle & au Soleil. *Mi connosceranno e dall' Unghie, e dal Sole.* Beydes an den Klauen/ und dann an der Sonne erkannt.

2. Ein zugeschloßner Rosenknopff. SUAVIS A SUAVI. Mon odeur deviendra douce. *Il mio odore divenira soave.* Lieblich vom Lieblichen.

3. Ein Schiff unter den tobenden Winden. FRUSTRA OBSTANT. En vain les vents se liguent contre moy. *In vano i venti congiurano contro di me.* Sie widerstehen vergebens.

4. Eine Sonnen-Uhr ohne Sonne. COECUS SINE BACULO. Un aveugle sans bâton. *Un Cieco senza bastone.* Ein Blinder ohne Stecken.

5. Eine Galeere durch Ruder und Segel fortgetrieben. ALARUM REMIGIO. Tout me sert. *Tutto mi serve.* Durch Hülff der Ruder.

6. Ein in die Sonne sehender Adler. PATRUM VIRTUTE. C'est par la vertu de mon Pere que je te regarde. *E per la virtù di mio Padre, che io ti guardo.* Durch der Eltern eingepflantzte Tugend.

7. Ein schiebendes Pfropffreiß. FRUCTUS IN TEMPORE. Avec le tems. *Con il tempo.* Trägt mit der Zeit Früchte.

8. Ein zugeschloßne Hand mit Flöh. DIFFICILES AD CUSTODIENDUM. La garde en est difficile. *E dificile à ritenerne.* Ubel zu hüten.

9. Ein Baum/ um den sich eine Weinrebe schlinget. MAGIS DULCIS, QUAM SUBLIMIS. Plus doux être élevée. *Più dolce che sollevata.* Ist besser süß/ dann erhöhet seyn.

10. Ein in der Lufft schwebender Adler. IMMINET HOSTI. Il a le dessus sur son ennemi. *Ha l'avantaggio sopra il suo nemico.* Laurt auf den Feind.

11. Eine kleine Barque/ so einigen grossen Schiffen von weitem nachfolget. SEQUAR ET ATTINGAM. Je les suivrai & je les joindrai. *Io le seguirò e le arrivaro.* Ich will ihnen nachfolgen/ und sie einholen.

12. Ein Lorbeer-Krantz. HINC LABOR, HINC MERCES. Le travail est la recompense. *E la ricompenza della fatiga.* Hiervon kommt Müh und

# DEVISES CHOISIES.

K 2

## Außerlesene Sinn-Bilder.

1. Eine Sonnen-Blum. USQUE AD REDITUM. Jusques à son retour. Sino che torni. Biß sie wieder kommt.

2. Ein Cupido hält mit einer Hand einen Zweig/und mit der andern schließt er den Mund zu. NOCET ESSE LOQUUTUM. Loyal, & secret. Leale, è secreto. Man muß verschwiegen seyn.

3. Eine Rosen/die mit ihrem Stengel in einē mit Wasser gefülltē Geschirr stehet. VIVO QUIDEM. Je vis,mais dans les larmes. Io vivo,mà in lagrime. Ich lebe sohin.

4. Ein gepflügtes Feld / worauf die Saat anfahet aufzugehen. MORTE TUA VIVIS. Il faut que tu meures pout revivre. Bisogna che tu muori per revivere. Du wirst durch deinen Tod belebt.

5. Der Berg Gibel/welcher Rauch und Feuer außstoffest. VETERIS VESTIGIA FLAMMÆ. Ce sont les marques de mon ancien amour. Quelli sono li segni del mio antico amore. Zeichen der alten Liebe.

6. Eine Pyramide mit einem Siegs-Zeichen behängt. EVEXIT AD ÆTHERA VIRTUS. La vertu m'a élevée. La virtù m'hà inalzata. Die Tugend erhebt biß in den Himmel.

7. Die in einem Garten-Bette stehende Blumen werden von einem Wind umgerissen. SIC PULCHRIORA PEREUNT. Les plus belles choses périssent ainsi. Così periscono le più belle cose. So vergehen die schönste Dinge.

8. Ein Cupido isset von einer Pastete/ und ein anderer trinckt aus einem Spring-Brunnen. FACIT OCCASIO FUREM. L'occasion fait le latron. L'occasione fa il ladro. Gelegenheit macht Dieb.

9. Ein Ebheu ziehet sich an einem umgehauenen und verdorbenen Baum auf der Erde hin. VIVENDO VICI FATA MEA. En vivant j'ai surmonté ma destinée. Vivente io hò superato il mio destino. Ich lebe meinem Geschick zu Trotz.

10. Eine Turtel-Taube sitzet auf einem dürren Ast mit ihren Jungen/ und sihet ihre Gesellin todt auf dem Boden ligen. NUNC SCIO, QUID AMOR SIT. Je sais à present ce que c'est que d'aimer. Adesso io so che sia amore. Jetzo weiß ich / was die Liebe ist.

11. Ein mit Blumen und Thränen angehäufftes Grabmahl. QUISQUIS HONOS TUMULI. Voila le plus grand honneur de la sepulture. Il più grand' honore del sepolcro. Das ist die letzte Ehre.

12. Ein Trauben-voller und an einen Ulmen-Baum aufgezogener Weinstock. MENS IMMOTA MANET. Tout mort que je suis, j'ai le même soin pour elle. Mentre che sono morto, io hò cura per ella. Das Gemüth bleibt doch ohnbeweglich.

13. Eine gehetzte Hindin sihet ihren Hirschen mit einem Degen durchstochen todt auf der Erden ligen. DURUS UTERQUE LABOR. Je ne sai lequel de mes maux est le pire. Io non so qual de miei mali sia il peggiore. Es ist beydes ein grosses Elend.

14. Zwey Hände halten einen Feurstein und einen Stahl gegen einander/ und schlagen Feur. VERA FIDES ET VERUS AMOR. Voila l'effet de la véritable fidélité & du parfait amour. Ecco l'effetto della fedeltà veritable, e dell' amor perfetto. Wahre Treu und wahre Liebe.

15. Eine Sack-Uhr. INTERPRES FIDUS SOLIS. Le juste interprète du

# DEVISES CHOISIES.

## Außerlesene Sinn-Bilder.

1. Eine in der Lufft schwebende Lerche. GARRULA VADE. Va t'en Babilleur. *Vattene Ciarlone.* Schwätzer / gehe deines Wegs.

2. Der Cupido und seine Mutter / die seinen Bogen in der Hand hält. AUDE ET FIET. Sois hardi & il deviendra. *Ardisce & accaderà.* Gewagt / gewonnen.

3. Ein Wiselin trägt in dem Maul einen Rauten-Strauß. AMAT VICTORIA CURAM. La Victoire aime le soin. *La Vittoria ama la cura.* Müh bringt Sieg.

4. Eine Saul in dem Meer mit einem Degen und Schlüssel. IN FIDE ET JUSTITIA FORTITUDO. Il y a force en la Foi & en la Justice. *C'è forza nella Fede & nella Giustitia.* Starck im Glauben und der Gerechtigkeit.

5. Zerschiedene Bienen fliegen um ihren König herum. MAJESTATE TANTUM. Seulement par la Majesté. *Solamente per la Maestà.* Nur wegen seiner Herrlichkeit.

6. Ein gekrönter Wappenschild. IN VETUSTÆ MAJESTATIS MEMORIAM. A la memoire de la Majesté ancienne. *Alla memoria della Maestà antica.* Zum Gedächtnus der vorigen Majestät.

7. Ein guldner Krug mit Blumen. UTRUMQUE. Richesse & abondance. *Divitie & abondanza.* Beyderley.

8. Ein guldner Ring. NEC IGNE, NEC FERRO. Ni par feu ni par fer. *Nè per foco nè per ferro.* Weder durch Feuer noch Eisen.

9. Ein junger wilder Bock sihet gegen der Sonne. NIL AMABILIUS. Il n'y a rien si agreable. *Niente è più amabile.* Nichts angenehmers.

10. Unterschiedliche Schlangen in dem Feuer. SIC REPUGNANT. Ainsi ils resistent. *Così repugnano.* So widersetzen sie sich.

11. Die Gedult. OMNIA TEMPUS HABENT. Toute chose à son tems. *Tutta cosa hà il suo tempo.* Alles hat seine Zeit.

12. Eine Himmels-Kugel. SIC OMNIA PRÆTEREUNT. Toutes choses passent ainsi. *Così trapassano tutte cose.* So vergehet alles.

13. Eine Feuer-speyende Bombe. LOCO ET TEMPORE. A lieu & tems. *In luogo è tempo.* In rechter Zeit und Ort.

14. Eine Feuer-spritzende Bombe. TEMPUS OBSERVANDUM. Il faut observer le tems. *Si deve osservar' il tempo.* Man muß die Zeit beobachten.

15. Samson hält einen Löwen-Kopff / um den die Immen herum fliegen. DE FORTI DULCEDO. La douceur vient du fort. *Dolcezza viene dal forte.* Süssigkeit von dem Starcken.

# DEVISES CHOISIES.

## Außerlesene Sinn-Bilder.

1. Ein Eichorn mit aufgerecktem Schweiff fähret auf einem Brett über einen Fluß. VINCIT SOLERTIA VIRES. L'adresse surpasse la force. *La diligenza vince le forze.* Klugheit übertrifft die Stärcke.

2. Eine Schildkrott. DOMUS OPTIMA. La meilleure maison est celle qui est à soi. *La Casa propria è la ottima.* Das beste Hauß.

3. Ein Aff ertrucket seinen Jungen mit den Armen. COECUS AMOR SOBOLIS. L'amour qu'on a pour ses enfans est aveugle. *L'amore che si hà per i fanciuli è cieco.* Blinde Kinder-Lieb.

4. Ein Strauß brütet seine Eyer aus / indem er sie anbläset und ansihet. DIVERSA VALET VIRTUTE. Sa vertu surpasse toute autre. *La sua virtù trapassa tutte le altre.* Hat gantz eine andere Tugend.

5. Ein Otter mit einem Fisch in dem Maul. SÆVIT IN OMNES. Elle n'en épargne aucun. *Elle non sparagna nissuno.* Gegen jederman grausam.

6. Ein Schildkrott kriechet einen Hügel hinauf. TANDEM. Elle ira enfin sur le haut. *Al fine venirà su l'alto.* Endlich.

7. Ein Strauß / so ein Huf-Eysen verschlingt. VIRTUS DURISSIMA COQUIT. La vertu digére ce qui est le plus fâcheux. *La virtù vince tutte molestie.* Die Tugend überwindet alle Müh.

8. Ein Cupido hält eine angezündte Feuer-Pfanne. OFFICIT OFFICIO. Secours me nuit. *Soccorso mi nuoce.* Seine Hülff ist mir schädlich.

9. Ein Pfau / der seinen Schweiff außbreitet. SIBI PULCHERRIMA MERCES. Il prend chez lui sa recompense. *Egli hà seco la sua ricompensa.* Ist sein selbst-eigener Lohn.

10. Ein Kranich hält einen Stein in den Klauen. NE IMPROVISO. On aura peine à me surprendre. *Affine di non esser atterato.* Daß ich nicht ohn versehens übereilt werde.

11. Ein Schwan unter einem Lorbeer-Baum. NIL FULGURA TERRENT. Mon innocence ne craint pas la foudre. *La mia innocenza non teme li lampi.* Ich achte kein Blitzen.

12. Ein Schwan auf einem Grab. SIBI CANIT ET ORBI. Il annonce sa mort, & celle des autres. *Egli annuntia sua morte, & quella d'altri.* Verkündiget sich und andern den Tod.

13. Ein Falck lässet einen Spatzen / den er gefangen / wieder fliegen. FIDEM SERVABO GENUSQUE. Je ne ferai rien indigne de ma foi & de ma race. *Io guardarò la mia fede & fama.* Ich will meine Treu und Ehre bewahren.

14. Ein Falck / welcher einen Hasen stosset. SPONTE MEA. J'y descens volontairement. *Io lo faccio volontariamente.* Von mir selbsten.

15. Ein Kranich / der Sand aus seinem Schnabel fallen lässet. LOCO ET TEMPORE. Pour ne parler qu'en temps & lieu. *Per non parlare ch'in luogo e tempo.* Zu gelegener Zeit und Ort.

L

## Außerlesene Sinn-Bilder.

1. Ein Pferd und eine Hand mit einer Spitz-Ruthe. BLANDIENDO ET CASTIGANDO. Tantôt par force, tantôt par douceur. Con il rigore & con la dolcezza. Durch Zucht und Schmeichlen.

2. Ein schlaffender Löw. NON MAJESTATE SECURUS. La Majesté ne suffit pas. La Maestà en basta non gli. Seine Majestät schützt ihn nicht.

3. Ein Stück Geschütz mit seiner Ladung. NON SOLUM ARMIS. Non seulement par les Armes. Non solamente per le Armi. Nicht allein mit Waffen.

4. Ein todter Löw/ den die Mucken fressen. MERCES BELLI. Prix de la guerre. Il prezzo della guerra. Der Lohn deß Kriegs.

5. Sechs Pyramiden nächst einer Krone. QUI LEGITIME CERTAVERIT. Pour celui qui aura bien combatu. Per quello che haverà ben combattuto. Für den/ der rechtschaffen gefochten.

6. Eine Hand hält deß Herculis Keule und eine Löwen-Haut. FORTIOR SPOLIIS. Plus fort par les dépouilles. Più forte per le spoglie. Stärcker durch den Raub.

7. Eine Sonne/ die eine Welt beleuchtet. EXCOECAT CANDOR. Sa blancheur éblouit. Il suo candore abbaglia. Der Glantz blindet.

8. Eine Syrene in dem Meer. FORMOSA SUPERNE. Belle par en haut. Bella per il disopra. Schön von oben.

9. Ein Schloß in dem Meer stehend. SUM EXTRA PERICULUM. Je suis hors d'insulte. Sono fuor d'insulto. Ich bin auffer Gefahr.

10. Eine Saul mit Steur-Rudern umhängt. FULCITUR EXPERIENTIA. Appuyé sur l'expérience. Appoggiato sù l'esperienza. Durch die Erfahrenheit unterstützt.

11. Ein Garten mit allerhand Bildern und Statuen. CUSTODIUNT NON CARPUNT. Ils gardent, ils ne cueillent point. Guardano, e non carpiscono. Sie nehmen nicht/ sondern bewahren.

12. Ein Blumen-Bett. ORNANTUR POLITIORIBUS LITERÆ. Plaisir des yeux, & nourriture de l'esprit. Piacere degli occhi, e nutrimento dello spirito. Gelehrte seynd viel schöner geschmückt.

# DEVISES CHOISIES. 42

## Außerlesene Sinn-Bilder.

1. Ein Cameel erligt unter seiner aufgeladenen Bürde. NIL ULTRA VIRES. Il ne faut rien entreprendre au dessus de ses forces. *Non si deve incominciare niente che non si puol finire.* Nicht über Macht.

2. Ein Mond unter den Sternen. UNA MILLE PRÆVALET. Une m'est plus que mille. *Una mi è più che mille.* Eine vor tausend andern.

3. Ein Adler führt ein Königlin darvon. NON USITATA VEHOR. Je ne sois pas accoûtumé d'aller si haut. *Non sono accostumato di andar cosi alto.* Ich pflege nicht so hoch zu fliegen.

4. Ein Adler trägt einen Stein in sein Nest. IN TEMPORE MUNIT. Il le fortifie pour le besoin. *Lo fortifica per il bisogno.* Versiehet sich bey Zeiten.

5. Ein erlegtes wild Schwein / mit einem Messer in dem Halß. HAUD ALITER PRODEST. Il n'apporte aucun profit autrement. *Altrimente non faccio profitto.* Sonsten zu nichts nutz.

6. Ein mit einem Pfeil verwundter Hirsch. HINC DOLOR, INDE FUGA. Ma douleur cause ma fuite. *Il mio dolore è causa della mia fuga.* Daher kommt mein Schmertz und meine Flucht.

7. Ein Fuchs hält sein Ohr an einen gefrornen Fluß. FIDE, DIFFIDE. Ne t'y fie, ni ne t'en défie. *Fidar, e diffidar.* Traue / und mißtraue.

8. Ein Fuchs flieht vor der aufgehenden Sonne. HOC ORIENTE FUGIO. Je fuis lors qu'il paroit. *Io fuggo quando colui viene.* Wann dieser kommt / so fliehe ich.

9. Ein Schwein mitten unter den Blumen. NON BENE CONVENIUNT. Elles ne lui conviennent pas. *Non accordano.* Sie schicken sich nicht wohl zusammen.

10. Ein Windspiel hält einen Haasen unter seinen Füssen. GLORIA FINIS. Il n'en regarde que la gloire. *Il fine è la gloria.* Ehre ist der Zweck.

11. Ein Hund bellet den Mond an. DESPICIT ALTA FERAS. Son élevation lui fait mépriser les menaces. *La sua altezza la fà sprezzare le minaccie.* Sie achtet in der Höhe kein Drohen.

12. Ein Adler hält seinen Raub in den Klauen / und sihet gen Himmel. DUM DETINET IMBER. C'est ma provision pour les mauvais tems. *Questo è la mia provisione per i tempi maligni.* Weil der Regen währet.

13. Ein Adler/ der sich unter die Wolcken verbirgt. NON CAPTU FACILIS. Il n'est pas aisé de me prendre. *Non è facile a pigliarlo.* Nicht leicht zu fahen.

14. Ein Esel/ den eine Mucke sticht. ET PARVIS SUA VIS. Les moindres choses ont leur force. *Le più piccole cose hanno le sue forze.* Auch geringe Dinge haben ihre Kräfften.

15. Ein Kaninichen sitzt bey seinem Loch. VIGILANDUM. Il faut veiller. *Si deve vigilare.* Man muß wachsam seyn.

# DEVISES CHOISIES.

## Außerlesene Sinn-Bilder.

1. Ein Löw. AUDACES JUVAT. Il aide les hardis. *Egli giova gli arditi.* Er hilfft den Tapffern.

2. Ein Sonnen-Uhr an der Sonne. SUMUS INSTABILES. Nous sommes inconstants. *Noi siamo inconstanti.* Wir seynd unbeständig.

3. Ein lauffendes Pferd. LIBERTAS SUB METU. Liberté avec crainte. *Libertà con paura.* Freyheit mit Forcht.

4. Zwey Büschel Pfeil. NON SUNT TALES AMORES. On ne sauroit trouver un si beau lien d'amitié. *Non si puol trovar una cosi grand' amicitia.* Solche Freundschafft ist nicht leicht zu finden.

5. Eine Schildkrott. PAULATIM PAULATIM. Peu à peu. *Piano, piano.* Allgemach/ allgemach.

6. Ein Brett/ worein ein Stefft geschlagen/ und von der Sonnen beschienen ist. NULLA HORA SINE LINEA. Nulle heure sans ligne. *Nulla hora senza linea.* Keine Stund müssig.

7. Ein Schiff und ein Schwan darüber. ULTRA NUBILA. Au dessus de nuages. *Più alto che le nuvole.* Uber die Wolcken.

8. Eine grosse Brucke. ALIIS INSERVIENDO CONSUMOR. Je me consume au service des autres. *Mi consumo al servitio d' altri.* Indem ich andern diene/ werd ich abgenutzt.

9. Ein Elefant. VI PARVA NON INVERTITUR. Par une force petite il ne craint pas. *Per poca forza non teme.* Eine kleine Macht legt ihn nicht zu Boden.

10. Ein Klotz in einem Feuer/ an dem 2. Eymer mit Wasser hangen. HUMENTIA SICCIS. Le feu brule si on ne l'éteint. *L'aqua basta al fuoco.* Er verbrennt/ wann man nicht löscht.

11. Ein fliegender Löw hält ein Creutz in seiner Patten. SYDERA CORDIS. La force vient de la vertu du cœur. *La forza viene dalla virtù del cuore.* Das Gestirn deß Hertzens.

12. Ein Büschel Blumen. SOLA MIHI REDOLET PATRIA. Ma patrie seule me plait plus. *La mia Patria mi piace più.* Mein Vatterland ist mir das Angenehmste.

13. Ein Kegelspiel mit einem Stecken. FERI OMNES, SI NON DESTRUIS. Abats tous sans destruire. *Batti tutti, se non guasta.* Wann du sie nicht verderbst/ so schlage alle.

14. Ein Conterfait/ und eine Hand/ die darein sticht. VEL IN ARA. La vengeance poursuit le Tiran jusques à l'Autel. *La vendetta segue il Tyranno insino all' Altare.* So gar biß auf den Altar.

15. Zwey Holtz-Stücker im Feuer/ woran vier Wasser-Eymer hangen. MODERATIONE UTENDUM. Il faut user de la tempérance. *Si deve usitare la temperanza.* Man muß Mässigkeit gebrauchen.

# DEVISES CHOISIES. 44

1. Eine Schlange/ die an einer Pyramide hinauf kreucht. INVIA VIRTUTI NULLA. Il n'y a rien d'impossibile à la vertu. Niente è impossible alla virtù. Der Tugend ist nichts ohnmöglich.

2. Eine Schlange/ die ihre alte Haut zwischen zweyen Felsen abstreifft. POSITIS NOVUS EXUVIIS. Il se renouvelle. Si rennova. Verneuet sich.

3. Ein Stern. NIHIL ABSTULIT ILLI PROMETHEUS. Elle a tous les feux. Il suo splendore non è diminuito. Sein Glantz ist ihm nicht benommen.

4. Ein Schlang/ die ihren Schwantz in das Maul stecket. FINISQUE AB ORIGINE PENDET. La fin depend du commencement. Il fine pende dal principio. End und Anfang hangen aneinander.

5. Ein Falck/ so einen erjagten Haasen unter seinen Klauen erwürgen will/ aber selbsten mit einem Pfeil durch den Halß geschossen wird. CAPIENS CAPIOR. En prenant je suis pris. Prenente sono preso. Ich will einen andern fangen/ und werde selbst gefangen.

6. Zwey Vipern/ deren eine ihren Kopff in der andern stecken hat. VENUS IMPROBA. L'Amour nous tue. L'Amore ci amazza. Die Liebe bringt uns ums Leben.

7. Ein Stern. INCLINAT, NON COGIT. Elle conduit, mais elle ne force pas. Conduce, mà non constringe. Zwingt nicht/ sondern leitet nur.

8. Eine Viper/ welcher ihre Junge den Bauch aufbeissen. SUO PREMITUR EXEMPLO. On la traitte, comme elle a traitée. Si tratta come hà trattata. Wird mit gleicher Müntz bezahlt.

9. Ein Schneck in seinem Hauß. BENE QUI LATUIT. Bien heureux celuy, qui ne s'est pas trop émancipé. Felice e quello, che non s'è troppo emancipato. Der ist glücklich/ so nicht viel bekandt ist.

10. Eine Schlange frisst eine Spinne. DIRA PASCUNTUR DIRIS. Les méchans usent de leurs semblables. Un malvaggio vive dall' altro. Ein Boßwicht ernährt den andern.

11. Ein Schneck kreucht den Baum hinauf. FERT OMNIA SECUM. Il porte tout cequi est à luy. Egli porta seco tutto che hà. Trägt alles bey sich.

12. Ein Stern. BONA VEL MALA. Qui sait, si elle est bonne ou mauvaise. Chi sa, se sia buona ò mala. Entweder gut oder böß.

13. Ein Salamander im Feur. MEA VITA PER IGNEM. Mort à autrui, à moi vie. Nel fuoco vivo. Das Feuer ist mein Leben.

14. Ein Horn deß Überflusses. HERCULIS MUNUS. Je dois mes richesses à mon courage. Io debo le mie divitie al mio coraggio. Der Tapfferkeit Lohn.

15. Ein Cupido schiesset viel Pfeil in ein Hertz zusammen. TELORUM SILVA COR MEUM. Coup sur coup. Colpo à colpo. Mein Hertz ist der Pfeile Ziel.

# DEVISES CHOISIES. 45

M

## Außerlesene Sinn-Bilder.

1. Ein Cupido machet Butter. CONCRESCIT AMOR MOTU. Emouvoir fait unir. S'unisce Amor col moto. Die Liebe wächset durch Bewegung.

2. Ein Cupido macht einen Neyd-Schatten. AMORIS UMBRA INVIDIA. Envie l'ombre de l'Amour. Invidia è ombra d'Amore. Neyd ist der Liebe Schatten.

3. Ein Cupido zwischen zwey brennenden Hölzern. FLAMMESCIT UTERQUE. Le choc enflamme. Così s'infiamma. Sie brennen beede.

4. Ein Cupido schlägt auf eine Schildkrotte. AMOR ODIT INERTES. Tardif, Amant fâcheux. Odiosa pigritia. Liebe hasset die Faulen.

5. Ein Cupido legt einem Esel Flügel an. AMOR ADDIT INERTIBUS ALAS. Amour change nature. Amore fà gl' Asini Leoni. Liebe macht geschwind seyn.

6. Ein Cupido tritt einen todten Haasen mit Füssen. AMOR TIMERE NEMINEM VERUS POTEST. Amour n'a point de peur. Amore non hà timore. Wahre Liebe förcht nichts.

7. Ein Cupido hält ein Chameläon. OMNIS AMATOREM DECUIT COLOR. Selon que veut Madame. Come Amor vuole. Einem Liebhaber stehen jede Farben wol an.

8. Ein Cupido tritt Zäume und Mässe mit Füssen. RES IMMODERATA CUPIDO EST. Amour n'a pas de mesure. Amore non hà misura. Liebe hat keine Maaß.

9. Ein Cupido stosset einen grossen Reichthum mit Füssen von sich. NESCIT AMOR MAGNIS CEDERE DIVITIIS. Amour sur tout. Amore sopra tutto. Liebe acht keinen Reichthum.

10. Ein Cupido mit einem Richtscheid. AD AMUSSIM. Ni çà, ni la. Nè quà, nè la. Aufs genaueste.

11. Ein blinder Cupido. AMANS QUID CUPIAT, SCIT; QUID SAPIAT, NON VIDET. Amour aveugle. L'Amor è cieco. Liebe ist blind.

12. Ein Cupido hält seine Fackel untersich und umgekehrt. QUOD NUTRIT, EXTINGUIT. Ce qui me nourrit, m'éteint. Quel che nutre, estingue. Was mich ernährt/ das löscht mich wieder aus.

# DEVISES CHOISIES.

## Außerlesene Sinn-Bilder.

1. Ein Cupido sihet nach der aufgehenden Sonne. PRIMO DELECTAT. MOX URIT. La peine suit le plaisir. *Il troppo, è troppo.* Erstlich angenehm/ darnach beschwerlich.

2. Eine Taube auf einem Zweig/ und ihr Gesell todt auf der Erden ligend. VITAM MEAM, EJUSQUE MORTEM PLANGO. Je plains sa mort, & ma vie. *Piango la sua morte, e la mia vita.* Ich beklage mein Leben und seinen Tod.

3. Ein Cupido trägt ein halb-außgelöschtes Liecht. AGITATA REVIVISCO. Prêt au retour. *Chi vi torna, raccende.* Durch Bewegung komm ich wieder zu Kräfften.

4. Ein unsterblicher Baum. SEMPER IDEM. Toûjours le même. *Sempre il medesimo.* Immerzu wie vorhin.

5. Ein mit einem Pfeil durchstossenes Hertz nebst andern Pfeilen. UNA ME SAUCIAT SOLA. Une seule me blesse. *Una sola mi ferisce.* Nur eine verletzet mich.

6. Ein Lorbeer-Baum im Feuer. NON SIMUL ARDERE POSSUM ET SILERE. Je ne puis brûler & me taire. *Non posso ardere, e tacere.* Ich kan nicht brennen und zugleich schweigen.

7. Ein Reiger fliegt mit einer Dreyfaltigkeits-Blum darvon. TIBI OMNES SUNT NOTÆ. Tu les connois toutes. *Tu le sai tutte.* Du kennst sie alle.

8. Ein Pfeil nach dem Polar-Stern abgehend. RECTA AD METAM. Droit au but. *Dritto al punto.* Gerad nach dem Ziel.

9. Ein Hertz mit Flügeln. AUFERUNT. Elles l'emportent. *Lo rapiscono.* Sie führen es hinweg.

10. Eine Sonne. FULGET UBIQUE. Il luit par tout. *Risplendisce per tutto.* Scheinet allenthalben.

11. Der Hund an dem Firmament. NEC ARDENTIOR, NEC FIDELIOR. Ni plus brûlant, ni plus fidéle. *Nè più ardente, nè più fedele.* Wes der hitziger noch getreuer.

12. Ein Phönix im Feuer ohne Sonne. SOLEM MEUM EXPECTO. J'attens mon Soleil. *Attendo il mio Sole.* Ich warte auf meine Sonne.

13. Ein Cupido mit Blumen in der Hand. SEMPER MIHI GRATÆ. Elles me sont toûjours agreables. *Mi piacciono per sempre.* Sie seynd mir allzeit angenehm.

14. Ein Hahn. HOC CANTANTE GALLO, AMORIS FINIS ADEST. Quand ce Coq chantera, l'Amour finira. *Quando questo Gallo cantara, l'amore si finisce.* Wann dieser Hahn krähet/ so hat die Lieb ein End.

15. Ein Cupido will das Feuer mit einer Feuer-Zange hinweg nehmen. QUIS ENIM SECURUS AMAVIT. L'Amour n'est en repos. *Non quieto mai.* Die Liebe kan nicht ruhig seyn.

# DEVISES CHOISIES. 47

# Außerlesene Sinn-Bilder.

1. Ein Weibsbild/ so ihren Liebsten in Gegenwart deß Cupidinis beweinet. SERO PROBATUR AMOR, QUI MORTE PROBATUR. Tardive preuve. *Tarda prova.* Allzuspat.

2. Ein Cupido regiert das Schiff/ worinn ein Verliebter mit seiner Liebsten sitzet. QUAM BENE NAVIGANT, QUOS AMOR DIRIGIT. Bon vent, bonheur. *Felicità d' Amore.* Die Liebe ist ein guter Steurmann.

3. Ein Cupido jaget allerhand Horn-Thier. VENARI VOLO, POTIRI NOLO. Seulement pour la chasse. *Voglio pigliare, e non superare.* Ich begehre nichts zu fangen/ sondern nur zu jagen.

4. Ein Cupido gibt einem Alten mit seiner Pfeiffe zu verstehen/ was er begehre. VINCIT ASTU AMOR. La ruse d'Amour passe tout. *Vigil Amor la vigilanza inganna.* Liebe überwindet durch Listigkeit.

5. Die Zeit schneidet dem Cupido die Flügel ab. MENS IMMOTA MANET. Le cœur toûjours jeune. *Mal grado il tempo rio, l' animo è franco.* Das Gemüth bleibt doch unverändert.

6. Ein Cupido durchschießt einen alten Fuchs/ und fahet einen andern in den Schlingen. ET ANNOSA CAPITUR VULPES. Aussi le vieux Renard. *E giovani leggieri, e vecchi esperti.* Auch ein alter Fuchs wird gefangen.

7. Ein Verliebter stehet in Gedancken an dem Ufer deß Meers/ stützet sich auf ein Felsen-Egk/ und wird vom Cupidine mit einem Pfeil verletzet. MIHI NULLA QUIES. Jamais de repos. *Combattuto sempre.* Ich hab keine Ruh.

8. Ein Venus will dem Cupido seine Fackel nehme. IMPEDITUS FEROCIOR. Forcé plus fort. *Impedito piu feroce.* Die Liebe wird durch Hinderung nur heftiger.

9. Ein auf der Erden ligender Mensch wird von einem Crocodill erschnappt. INVERSUS CROCODILUS AMOR. En riant on me tuë. *Ridente mi si uccide.* Umgekehrte Liebe.

10. Ein Cupido führt eine hinckende Weibs-Person bey der Hand. AMORI QUÆ PULCHRA NON SUNT? Rien ne déplait à l'Amour. *Nissuna amata è brutta.* Der Liebe kommt alles schön vor.

11. Ein Cupido zerreißt einer Alten den Geldbeutel. AMANS SE SUAQUE PRODIGIT. Amour hait l'Avarice. *Amore odia l' Avaritia.* Liebe ist nicht geitzig.

12. Ein Verliebter sitzt an einem einsamen Ort/ ein Cupido aber kömt hinter ihm her/ und läst ihme von seiner Fackel etliche Tropffen auf das Haupt fallen. EXSATURATUS ÆRUMNIS. Maux infinis. *Pene infinite.* Ohnendlicher Schmertz.

13. Ein Cupido gehet mitten durch Wüsteneyen und Mörder. HAUD TIMET MORTEM. Il ne craint pas la mort. *Non teme al morte.* Förcht den Tod nicht.

14. Ein Cupido schlägt einen Menschen/ der ihn bey einem schönen Weibsbild verstören wollen. AMOR NON VULT SOCIUM. L'Amour ne veut pas de Compagnon. *Amore non vuole compagno.* Die Liebe leidet keinen Gesellen.

15. Ein Cupido gehet aus einem Hertzen heraus/ und gibt einem andern Cupido die Hände. TIBI SOLI LOCUS. Il n'y a place que pour toy. *Non v' è luogo che ver te sole.* Hier ist nur Platz für dich allein.

# DEVISES CHOISIES. 48

## Außerlesene Sinn-Bilder.

1. Ein Cupido eröffnet einem Reisenden seine Thür. HOSPITIUM VERENDUM. Amour mauvais hôte. *Doloroso albergo.* Eine verdächtige Herberg.

2. Ein Cupido an einer Saul angebunden / und mit Feuer / so von einem Weibsbild geschieret wird / umgeben. SEMPER VERUS AMOR CONSTANS. Le vrai Amour est toûjours constant. *Amore vero é sempre costante.* Wahre Liebe immerdar beständig.

3. Ein schwartzer Cupido verwundet einen weissen. GRATIA COLORE PRÆVALET. Pour durer, la brunette. *Gratia più che colore.* Annehmlichkeit ist die schönste Farb.

4. Ein verwundter und im Bett ligender Cupido wird von einem andern/ der ihm eine Artzney gibt / besuchet. AMANS AMANTI MEDICUS. Un Amour guérit l'autre. *Un' Amor sana l' altro.* Liebe ist der Liebe Artzt.

5. Ein Cupido im Bett / dem seine Liebste im Schlaff vorkommt. AMOR QUOD SUSPICATUR VIGILANS, SOMNIAT. Songer réjoüit. *Vani e' dolci sogni.* Was die Liebe gern hat / davon traumt sie.

6. Ein Cupido gehet krum von seiner Liebsten heraus. AMORIS REGRESSUS TARDUS. Lent au départ. *Lento all partire.* Liebe gehet langsam zuruck.

7. Das Glück verbindet dem Cupidini die Augen. FORTUNA COECUM EFFICIT AMOREM. La Fortune aveugle l'Amour. *Fortuna acciecal'Amore.* Das Glück macht die Liebe blind.

8. Eine Dame durchdringt das Hertz eines Verliebten mit ihren Augen. AMOR EX OCULIS ORIENS IN PECTUS CADIT. Ses regards dards. *Piaga de suoi bell'ochi.* Die Liebe kommt aus den Augen / und dringt in die Hertzen.

9. Ein Verliebter im Bett wird vom Cupidine verwundet. AMOR DIURNUS, NOCTURNUSQUE COMES. Nuit & jour. *Sempre punge.* Die Liebe plagt mich Tag und Nacht.

10. Ein Cupido schwöret dem Jupiter und der Venus, welche darüber lachen / die Treue. AMORIS JUSJURANDUM POENAM NON HABET. Amour ne peut mal faire. *Giuramento sparso al vento.* Der Liebe Eydschwüre werden nicht gestrafft.

11. Ein krancker Cupido im Bett / dem seine Liebste eine Artzney darreichet. JUVAT INDULGERE DOLORI. Mal d'Amour incurable. *Godo del suo male.* Liebs-Schmertzen seynd angenehm.

12. Ein Cupido küsset seine Liebste an einem tunckeln Ort. CELARI VULT SUA FURTA VENUS. Amour aime la nuit. *Ama la notte Amore.* Liebe ist gern heimlich.

13. Ein Cupido gibt mit Hülff deß Glücks dem Neyd dichte Stöß. AUDACES FORTUNA JUVAT. La Fortune aide aux hardis. *La Fortuna ajuta gli audaci.* Das Glück ist den Kühnen günstig.

14. Ein Cupido zwinget einen Menschen mit Gewalt / seine Fackel anzunehmen. PRINCIPIIS OBSTA. Resistez à l'aborder. *Resisti al principio.* Gleich im Anfang widerstanden.

15. Ein Cupido fanget einen andern mit einem Strick. DULCES AMORUM INSIDIÆ. En jouant. *Dolci lacci d'Amore.* Liebes-Stricke sind annehmlich.

# DEVISES CHOISIES.

## Außerlesene Sinn-Bilder.

1. Ein Cupido verbirgt mit seiner Hand ein brennendes Liecht. NEQUE LUX, NEQUE RUMOR. Ni le bruit, ni l'éclat. *Nè il rumore, nè la luce.* Weder Liecht noch Tumult.

2. Ein Cupido fischet. DIGNOS PROSEQUOR. Je m'attache à ceux qui le meritent. *Io mi attaco a chi la merita.* Ich liebe nur die es werth seyn.

3. Ein Cupido hält ein brennendes Hertz in der Hand. SILENS ARDERE. Bruler & se taire. *Brugiare é tacere.* Brennen und still schweigen.

4. Ein Crocodill. DEVORAT ET PLORAT. Il pleure pour devorer. *Piange per devorar.* Erst verschlungen / hernach geweint.

5. Ein Cupido nimmt ein Hertz mitten unter den Dornen heraus. GAUDIUM POST LUCTUM. Aprés les peines des plaisirs. *Dopo le pene i piaceri.* Auf Leyde Freud.

6. Ein Fisch-Reiß / worinn schon einige Fische gefangen seyn / andere aber von aussen daran anbeissen. ADVERSIS NON DEESSE DECET. Il est mal honnéte de ne pas secourir les malheureux. *E cosa indecente non soccorrere gl' afflitti.* Man muß den Unglücklichen aufhelffen.

7. Ein blinder Cupido wird von einem Hund geleitet. FIDELIS CONDUCTOR. La fidelité me conduit. *La Fedeltà mi conduce.* Ein getreuer Führer.

8. Eine Perle in der Muschel und eine Sonne darüber. CLARESCIT ÆTHERE CLARO. Elle brille à la lumiere. *Brilla alla luce.* Sie gläntzt/ wann der Himmel gläntzt.

9. Ein Cupido schmidet ein Hertz auf einem Amboß. NISI PRO VOBIS. Il n'est fait que pour vous. *Non è fatto che per voi.* Nur für euch allein.

10. Ein Krebs. ANTE RETROQUE. En devant & en arriere. *Avanti & dietro.* Für sich und hintersich.

11. Ein Cupido wählet sich ein Hertz aus. SOLUM UNUM MIHI SUFFICIT. Un seul me suffit. *Uno solo mi basta.* Ich hab genug an einem.

12. Ein Meer-Kalb. SECURE. Il est par tout en seureté. *E per tutto in sicurità.* Es ist sicher.

# DEVISES CHOISIES. 50

## Außerlesene Sinn-Bilder.

1. Eine Wanne mit Getraid. MELIORA RETINEO. Je garde le bon. *Ritengo il più meglio.* Das beste behalte ich.

2. Ein Hertz auf einer Saul wird von einem Cupidine verwundet. ET ALTIORES COGO. Je contrains les plus hauts. *Costringo li più alti.* Ich zwinge auch die Hohe.

3. Ein Diamant im Feuer auf einem Amboß/ und zwey Hammer darüber. SEMPER CONSTANS. Toûjours constant. *Sempre costante.* Allzeit standhafftig.

4. Ein Hertz auf einem Felsen/ in dem ein Cupido eine Bresse machet. TANDEM ERUAR. J'en jouirai à la fin. *Finalmente goderò.* Ich wills endlich erlangen.

5. Eine Kette mit einem Pfenning/ worauf ein Conterfait gebildet. A TE PRINCIPIUM, TIBI DESINET. Elle a commencé par vous, & ne finira que par vous. *Hà incominciato per voi, e non finirà che per voi.* Mit dir angefangen/ mit dir geendiget.

6. Ein Cupido trägt in einer Schaale drey Hertze. ELIGE QUOD VELIS. C'est pour choisir. *Pigliar quel che ti piace.* Nimm/ welches du wilt.

7. Eine Sonnen-Uhr/ und eine untergehende Sonne. TE DISCEDENTE NIHILI PROSUM. Quand tu pars, je ne sers de rien. *Quando tu te ne parti, io non faccio profito alcuno.* Ohne dich nutze ich nichts.

8. Ein Cupido mit einer Saul/ worauf ein Hertz stehet. CONSTANS ATQUE FIDELIS. Constant & fidéle. *Constante, e fidele.* Beständig und getreu.

9. Eine Turtel-Taube/ so auf einem Zweig sitzet und singt. AMOR ME CANTARE COGIT. Je chante par Amour. *L'Amore mi fa cantare.* Die Liebe macht mich singen.

10. Ein fliegender Cupido hält ein Hertz in der Hand/ und unter ihme liegen drey andere Hertze. UNUM MIHI SUFFICIT. Un seul me suffit. *Uno solo mi basta.* Eines ist genug.

11. Ein Berg/ von welchem das Wasser herab fliesset. ET DATA REDDIT. Elle rend, ce qui luy est donné. *Rende, che gli e dato.* Theilet mit.

12. Ein Cupido, so ein Hertz in der Hand trägt / wird von einem Ungeheuer verfolgt. NEMO A ME ARRIPIET. Rien ne me l'otera. *Nissuno me lo togliera.* Es wird mirs niemand nehmen.

13. Ein Schwan im Wasser. TERRA UNDAQUE DEGENS. Il vit sur l'eau & sur la terre. *Vive sù l'acqua, e sù la terra.* Zu Wasser und Land.

14. Ein Cupido will einen Drachen verwunden. ET FEROCISSIMOS VINCO. Je vainc même les plus cruels. *Vinco le più feroci.* Ich bezwinge auch die Allergrausamste.

15. Ein Hertz/ worein ein Conterfait gegraben ist. DUM MEMOR IPSE MEI. Il y restera tant que je vivray. *Li restarà tanto che viviò.* So lang ic

# DEVISES CHOISIES. 51